世界の
国旗と国章
大図鑑

PICTORIAL BOOK OF NATIONAL FLAGS & EMBLEMS OF THE WORLD

五訂版

編著=苅安 望
NOZOMI KARIYASU

平凡社

JN165380

はじめに

　風にたなびく色とりどりの国旗。その美しさに魅せられた経験は誰にでもあるだろう。海外には国旗、国章の意匠、由来、歴史を研究する「旗章学」という研究領域が有り、現在40ケ国に50あまりの研究団体が存在する。

　本書で取り上げる国章は日本人には馴染みが薄いが、国旗と同様に国家のシンボルとして各国が持っており、大使館など在外公館、公式文書、各国のコイン、パスポートの表紙など国を代表する重要なものに使われる。国旗以上に複雑な意匠が多く、その国についてより多くを表現することが出来る。欧米の国章の多くは西洋紋章学の伝統に則って作られている。また国章自体、あるいは国章の色や主要要素が国旗に使われていることも多く、国旗と国章は非常に密接な関係にあると言える。旗章を調べる時のポイントは（1）意匠、比率、（2）由来、（3）制定年月日の3点がある。この本では色を含め意匠と由来を各国関連法規と各国研究家からの情報を基に可能な限り正確に表現している。カラー図版と共に各国国章の由来、制定年月日を取り上げるのは日本では本書が初めてとなる。

　国旗制作に国際規格は存在せず、国旗は各国政府が独自に決めるものである。従って、それぞれの国旗を最も美しく見せるタテヨコの比率が使われる。日本の旗関連書籍の多くはこれを無視し、すべての国旗にタテ2対ヨコ3の比率を使っているが、これでは本来の旗の意匠が歪んでしまい、正しい国旗を表現したとは言えない。調べてみると1964年の東京オリンピック大会を契機に、タテ2対ヨコ3の比率の国旗が出回るようになった様子で、本書は実に40年ぶりに外国並みに正確な比率を採用した国旗図版を持つ書籍となる。

　国旗が変わった経験を持たぬ日本人には気付きにくい点だが、旗章は革命、政変などにより常時、意匠が変化するもので、その国の歴史を物語っている。因みに米国国旗は27回変わっている。本書は国旗、国章の制定年月日（採用日、最新意匠修正日を含む）、使用開始日（初掲揚日を含む）、復活日（旧旗章が再度、国旗国章になった日）を掲載することによって、旗章の歴史を把握し変更時期が正確にわかるようになっている。本書は現在わが国が承認する独立国195ケ国に日本と北朝鮮（朝鮮民主主義人民共和国）を含めた197ケ国の国旗、国章を大陸別に取り上げ、国際オリンピック委員会に加盟している11地域の域旗、域章も取り上げた。これらは旗章学研究対象の一部にすぎない。その他地域旗、自治体旗、軍旗、元首旗、旧国旗、歴史上の旗など、さらに旗章に関心を持たれた読者は直接、筆者が所属する日本旗章学協会にお問い合わせ頂きたい。

2018年4月　苅安 望

目次地図

0　　　　2000km
（赤道における距離）
赤の数字は掲載のページ

● おもな首都
○ おもな都市

ヨーロッパ拡大図

北極海

165ºE　180º　165ºW　150ºW　135ºW　120ºW　105ºW　90ºW　75ºW　60ºW　45ºW　30ºW

クィーン・エリザベス諸島

グリーンランド
[デンマーク]

75ºN

ビクトリア島

バフィン島

北極圏

アラスカ
[アメリカ合衆国]

○アンカレジ

60ºN

ベーリング海

アリューシャン列島

カナダ85

バンクーバー○

北アメリカ

モントリオール○
オタワ●

45ºN

シカゴ○
ワシントンD.C.●

ボストン○
ニューヨーク○

サンフランシスコ○

アメリカ合衆国83

アゾレス諸島
[ポルトガル]

大西洋

ロサンゼルス○

バミューダ
114

30ºN

ミッドウェー諸島
[米]

○ニューオーリンズ

バハマ国92

プエルトリコ115
英領バージン諸島112
米領バージン諸島116
セントクリストファー・ネーヴィス88
アンティグア・バーブーダ84
ドミニカ国90
セントルシア89
バルバドス93
セントビンセント及びグレナディーン諸島88
トリニダード・トバゴ共和国90

北回帰線

ハワイ諸島
[米]

キューバ共和国85

89
ドミニカ共和国

メキシコ合衆国94

113ケイマン諸島
メキシコシティ●

ハイチ共和国
91

ミクロネシア

マーシャル諸島共和国109

太平洋

93ベリーズ
86グアテマラ共和国
84エルサルバドル共和国
91ニカラグア共和国
87コスタリカ共和国

87ジャマイカ

ホンジュラス共和国94
111アルバ
86グレナダ

15ºN

カリブ海

ナウル共和国
106

ガラパゴス諸島

ベネズエラ・
ボリバル共和国
100

ガイアナ共和国97
スリナム共和国98
(フランス領ギアナ)

赤道

0º

キリバス共和国103

92パナマ共和国

97コロンビア共和国

ツバル105

エクアドル共和国96

マナウス○

マルキーズ諸島
[仏]

ソロモン諸島104

ポリネシア

メラネシア

サモア独立国104

バヌアツ共和国
107

ンゴ海

フィジー共和国
109

米領サモア115

ソシエテ諸島[仏]
(フランス領ポリネシア)

クック諸島
103

ブラジル連邦共和国99

○レシフェ

南アメリカ

100ペルー共和国

ブラジリア●

15ºS

ニューカレドニア島
[仏]

ニウエ
106

トンガ王国105

ラパヌイ島
(イースター島)
[チリ]

ボリビア多民族国101

サンパウロ●

パラグアイ共和国99

リオデジャネイロ○

オセアニア

日付
変更線

南回帰線

98チリ共和国

30ºS

タスマン海

ウルグアイ東方共和国96

サンティアゴ●

ブエノスアイレス●

アルゼンチン共和国95

ウェリントン●

ニュージーランド107

45ºS

フォークランド諸島

サウス・ジョージア島

60ºS

南極海

南極圏

南極半島

75ºS

165ºE　180º　165ºW　150ºW　135ºW　120ºW　105ºW　90ºW　75ºW　60ºW　45ºW　30ºW

目次

旗章用語集

国旗：独立国を代表する旗。
国章：独立国を代表する紋章。
域旗：その他地域を代表する旗。
域章：その他地域を代表する紋章。
フライ：旗竿から遠い旗尾側を指す。
カントン：旗竿側上部の区画を指し、特別な意匠を入れる。
ユニオン・フラッグ：イングランドの聖ジョージ十字、スコットランドの聖アンドリュース十字、アイルランドの聖パトリック十字を組み合わせた陸上で使う英国国旗。
英国青色船舶旗：カントンにユニオン・フラッグを入れた青旗で、通常は特別な徽章をフライに描く海上用英国官用旗。
スカンジナビア十字旗：やや旗竿寄りに十字を入れた旗で主に北欧諸国で使われている。
サルタイヤー旗：ジャマイカ国旗のように斜め十字を描いた旗。
汎アラブ色：黒、白、赤、緑の４色で1916年オスマン帝国の支配に対する反乱旗に使われて以来、アラブ系諸国の国旗に使用されている。
汎アフリカ色：緑、黄、赤の３色でアフリカ大陸で独立を維持したエチオピア国旗の色。エチオピアに敬意を表し、第二次大戦後独立した多くのアフリカ諸国の国旗に使われている。
汎スラブ色：白、青、赤の三色でピョートル大帝が採用したロシア国旗の色。スラブ系諸国でアイデンティティを示す目的で国旗に使われている。
政府旗：政府が使用する国旗で、国章を入れる場合が多い。
標語リボン：国章の底部または上部によく見られるリボンで国家の理念、目標を示すモットーを記したもの。
位階服：昔の王侯貴族が着た長くてゆるやかな外衣のこと。
サポーター：両脇で盾を支えるもの。

各国の順序は、世界をアジア、ヨーロッパ、アフリカ、北アメリカ、南アメリカ、オセアニアの６大州に分け、それぞれの州の国を五十音順に並べてある。また、アジアとヨーロッパにまたがるロシアはヨーロッパに載せた。国名、面積、人口、首都は世界国勢図会2017/18年版などによる。

アジア

カザフスタン共和国
モンゴル国
ウズベキスタン共和国
ジョージア
アルメニア共和国　アゼルバイジャン共和国　キルギス共和国
トルコ共和国　トルクメニスタン　タジキスタン共和国
キプロス共和国　イラク共和国　アフガニスタン・
レバノン共和国　シリア　イスラム共和国
イスラエル国　アラブ共和国
朝鮮民主主義
人民共和国
大韓民国　日本国
中華人民共和国
ヨルダン・ハシミット王国　クウェート国　パキスタン・イスラム共和国
バーレーン王国　アラブ首長国
カタール国　連邦
サウジアラビア王国
オマーン国
イエメン共和国
イラン・
イスラム共和国
ネパール連邦民主共和国
ブータン王国
バングラデシュ
インド　人民共和国
ミャンマー　ラオス人民
連邦共和国　民主共和国
タイ王国　ベトナム
社会主義共和国
カンボジア王国　フィリピン共和国
ブルネイ・
ダルサラーム国
マレーシア
モルディブ共和国　スリランカ民主　シンガポール共和国
社会主義共和国
インドネシア共和国
東ティモール
民主共和国
赤道

アゼルバイジャン共和国

Republic of Azerbaijan

面積＝8万7000㎢
人口＝983万人
首都＝バクー

国旗制定日＝1991年2月5日

比率＝1：2

国章制定日＝1993年2月27日

横三色旗の青がトルコ系民族、赤が近代化への決意、緑がイスラム教を表す。中央にイスラム教のシンボル、白い三日月と星が描かれ、八角星は国内の8つのトルコ系民族を象徴する。この旗は独立していた1918～20年に使われていた。20年に共和国を樹立、22年にソ連邦の一部となったが、91年8月30日この旗の下で再び独立が宣言された。

新しい時代を表す八角星の中に入った炎、8つのトルコ系民族を示す8個の玉、農業を示す小麦の穂と樫の枝のリースを描き、国旗に使われている三色の輪を付けた円形紋章。

アフガニスタン・イスラム共和国

Islamic Republic of Afghanistan

面積＝65万3000㎢
人口＝3553万人
首都＝カブール

国旗使用開始日＝2004年12月 7 日

比率＝2：3

国章使用開始日＝2004年12月 7 日

2004年12月の新政権樹立に伴い、新国旗が採用された。中央の国章は移行政権時代の金から白に変わり、新生アフガニスタンを象徴する昇る太陽がイスラム寺院の上に加えられた。寺院の下には独立した西暦1919年にあたるアフガニスタン暦の1298年が記されている。黒は外国に支配されていた暗い過去、赤は英国からの独立をめざした闘いで流された血、緑は達成した独立、平和とイスラム教を表す。

両側に2本の旗で飾られた門を開いたイスラム寺院、その上に「アッラーの他に神は無くムハンマドはアッラーの使徒なり」と「神は偉大なり」という聖句、イスラム寺院の下にはアフガニスタンと国名を記したリボンがあり、全体を2本の小麦の穂のリースが包む形になっている。

アラブ首長国連邦

United Arab Emirates

面積＝8万4000㎢
人口＝940万人
首都＝アブダビ

国旗制定日＝1971年12月 2 日

比率＝1：2

国章制定日＝2008年 3 月23日

ペルシャ湾に面する7つの首長国が連邦を形成し、一世紀にわたる英国の保護下から1971年12月2日に独立した。国旗は赤、緑、白、黒の「汎アラブ色」を使っている。赤は犠牲者の血、緑は肥沃な国土、白は平和と純粋さ、黒は国に近代化をもたらす石油を表している。

国章は2008年3月に預言者ムハンマドを生んだクライシュ部族のシンボルである金色の鷹の胸に描かれたダウ船に替えて連邦構成7首長国を表す7個の5角星に囲まれた国旗を配したものに変更された。銘板にはアラビア語で国名が記してある。

アルメニア共和国

Republic of Armenia

面積＝3万㎢
人口＝293万人
首都＝エレバン

| 国旗制定日＝1990年8月24日 | 国章制定日＝1992年4月19日 |

比率＝1：2

1918年にロシアから独立し、8月に赤、青、オレンジの国旗が制定された。20年に共和国を樹立、22年にソ連邦の一部となったが91年9月独立し、この旗が再び国旗に制定された。赤はアルメニアの高地と独立、自由、キリスト教を守る国民の戦い、青は平和を追求する国民の意志、オレンジは勤勉で創造的な国民を表す。

ノアの箱舟伝説で有名なアララト山を描いた盾とアルメニアの古代王朝4つの紋章を描いた盾、サポーターは黄色のライオンと鷲、下には小麦、剣、羽根ペン、千切れた鎖、足元に黄色いリボンを配したもの。

イエメン共和国

Republic of Yemen

面積＝52万8000㎢
人口＝2825万人
首都＝サヌア

| 国旗制定日＝1990年5月22日 | 国章制定日＝1990年5月24日 |

比率＝2：3

1990年5月22日イエメン・アラブ共和国（北イエメン）とイエメン民主人民共和国（南イエメン）が統合し、イエメン共和国となった。赤、白、黒の3色は元々エジプト国旗の色で、旧北イエメンと南イエメンの国旗に共通して使われ、アラブ統合を目指す汎アラブ運動を象徴する。赤は自由と統一のために流された血、白は輝ける未来、黒は過去の暗黒時代を表す。

黄色いサラディンの鷲の胸の盾には、紀元前650年にマリブの山々に造られイエメンの農業に貢献した灌漑用ダムと、産物であるコーヒーの木を描き、2本の国旗と国名を記したリボンを配したもの。

イスラエル国

State of Israel

面積＝2万2000km²
人口＝832万人
首都＝エルサレム
（日本を含め国際的には認められていない）

国旗制定日＝1948年11月12日

比率＝8：11

国章制定日＝1949年9月11日

1891年米国マサチューセッツ州のユダヤ教寺院で初めて掲揚された旗がモデルになり、その後も似た旗がイスラエルの建国を目指す「シオニスト運動」旗として97年から使われてきた。青と白はユダヤ教の祈禱用肩掛けの色で、青はパレスチナの空、白はシオニストの清い心を表す。中央の青い六角の模様は「ダビデの盾」で伝統的なユダヤ教徒のシンボル。1948年5月14日建国後の11月に国旗として正式に制定された。

中央の7枝の燭台はメノーラといい、紀元前70年にエルサレムを破壊したローマ人が持ち去ったもので、ローマの古墳から発見されたというユダヤのシンボル。下にはヘブライ語で国名、その両脇をユダヤ民族の平和を表すオリーブの枝で囲んでいる。

イラク共和国

Republic of Iraq

面積＝43万5000km²
人口＝3828万人
首都＝バグダッド

国旗制定日＝2008年1月29日

比率＝2：3

国章制定日＝2008年1月29日

1932年英国からの独立以来国旗は数回変更され、すべて「汎アラブ色」の赤、白、黒、緑が使われ、赤は闘争で流した血、白は明るい未来、黒は過去の抑圧、緑はイスラムを表す。中央に緑字でアラビア書道のクーフィー体で「神は偉大なり」という聖句が記されている。新政府は2008年1月故フセイン大統領が指導したバース党のシンボルである緑の星を除去した新国旗を制定した。

12世紀後半に十字軍からエルサレムを奪還したイスラム世界の英雄サラディンを象徴する鷲が、胸に国旗と同じデザインの盾を抱え、緑色の銘板には国名が記されている。

イラン・イスラム共和国

Islamic Republic of Iran

面積=162万9000k㎡
人口=8116万人
首都=テヘラン

国旗制定日＝1980年7月29日

比率＝4：7

国章制定日＝1980年5月10日

緑、白、赤の横三色旗は、この国で初めて憲法が作られた1906年に登場した。緑はイスラム、白は平和、赤は勇気を表す。この国はペルシャと呼ばれてきたが、35年国名をイランと定めた。中央に国章（右記参照）を持つ現国旗は、79年イラン革命の翌年に導入された。革命記念日のイラン暦1357年バーマン22日を示すように緑と赤縞の内側に「神は偉大なり」と22回書かれている。

アッラーに向かう人間の成長と変革を表し、垂直に立つ剣と2個ずつ対称に置かれた4個の三日月から構成される。剣は力と勇気、4個の三日月は月の4段階の進化を表している。

インド

India

面積=328万7000k㎡
人口=13億3918万人
首都=デリー

国旗制定日＝1947年7月22日

比率＝2：3

国章制定日＝1950年1月26日

1931年に採用されたインド国民会議派党旗の糸車のデザインを、古代インド・アショカ王が建てた柱頭に由来するチャクラ（法輪）に替えて中央に置いた。サフラン色は勇気と犠牲、白は平和と真理、緑は忠誠と礼節を表す。チャクラは仏教のシンボルで24本の軸は1日24時間を示して終りなき人生と進歩を象徴し、青は空と海を表している。47年8月15日の独立直前に国旗に制定された。

柱の上に立つ三頭の獅子像をかたどった記念柱で、アショカ王の古都サルナート遺跡から発掘された。台座中央にチャクラ（法輪）、その両側に馬と牛が描かれている。柱の下にはヒンディー語で「真の勝利」と書かれている。

インドネシア共和国

Republic of Indonesia

面積＝191万1000k㎡
人口＝2億6399万人
首都＝ジャカルタ

国旗制定日＝1945年8月17日

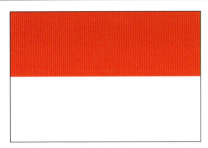

比率＝2：3

国章制定日＝1950年2月1日

13世紀後半にジャワ島に成立したマジャパイト王国が赤、白の旗を使ったといわれる。1922年オランダ統治下で学生組織の「インドネシア協会」がこの二色旗を採用した。オランダの支配から独立を目指して戦ったインドネシア国民党も赤、白の旗を使ったが45年8月17日の独立宣言日に正式に国旗に制定された。赤は勇気、白は純潔を表す。ティモール島東部は東ティモール民主共和国として2002年5月独立した。

伝説の鳥「ガルーダ」の胸の盾には民主主義を示す雄牛の頭、国の統一を表すボダイジュの木、公正を示す稲と綿、人道主義を示す金の鎖と信仰を示す星を描いた黒い盾を、足にはインドネシア語で "Bhinneka Tunggal Ika"「多様を通じ統一を」の標語リボンをつかんでいる。

ウズベキスタン共和国

Republic of Uzbekistan

面積＝44万9000k㎡
人口＝3191万人
首都＝タシケント

国旗制定日＝1991年11月18日

比率＝1：2

国章制定日＝1992年7月2日

19世紀後半にロシアの支配下に入り、1924年に共和国を樹立し、ソ連邦の一部となったが、91年独立。三日月は国民の大多数を占めるイスラム教を示すとともに独立の象徴でもあり、12個の五角星は1年を構成する12ケ月と十二宮図を表す。青は水、空を表し、14世紀のティムール朝の旗にも使われた。白は平和、緑は新しい生活と自然、赤は民衆の生命力を示す。

天山山脈、アムダリヤ川などのウズベキスタンの風景と太陽を背景にして翼を広げた伝説の鳥フモを、産物である小麦と綿花のリースで囲み、上部にはイスラム教のシンボルである三日月と星を、下部には国名を記したリボンを配したもの。

オマーン国

Sultanate of Oman

面積＝31万km²
人口＝464万人
首都＝マスカット

国旗制定日＝1995年11月18日

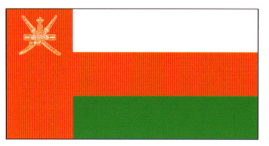

比率＝1：2

国章制定日＝1985年7月23日

赤、白、緑の3色はこの国の歴史を象徴しており、ここを長年治めてきたスルタンは赤旗、宗教上の指導者であるイマムは白旗を使ってきた。緑は以前はオマーン内陸部にあるグリーンマウンテンと呼ばれる山を表したが、今日では肥沃な国土を表す。白は繁栄と平和、赤は外部からの侵略者との闘いを示す。旗竿側上部には国章（右記参照）がついている。横縞比率は1：1：1。1951年英国から独立。

オマーンで古くから使われてきた剣を交差させ、その上にハンジャールという伝統的な短剣と飾り付きベルトを配したもので、18世紀頃から使用されてきた紋章といわれる。

カザフスタン共和国

Republic of Kazakhstan

面積＝272万5000km²
人口＝1820万人
首都＝アスタナ

国旗制定日＝1992年6月4日

比率＝1：2

国章制定日＝1992年6月4日

青は何世紀にもわたり遊牧を行ってきたトルコ系民族とモンゴル系民族の伝統色で、空を象徴する。19世紀に入ってロシアの支配下に入り、1936年にソ連邦を構成する共和国となったが、91年独立、92年に新しい国旗を採択した。青は平和と幸福、黄色は希望、太陽は高い理想、鷲は自由を示す。旗竿側に特有な装飾模様を描いている。

中央にはカザフスタン遊牧民が使用する伝統的な移動式テント「ユルト」の上部、ユルトを支えるようにそこから太陽光線が伸び、上部に五角星、底部に国名を記し、サポーターには翼と角を持つ2頭の馬を配したもの。

カタール国

State of Qatar

面積＝1万2000㎢
人口＝264万人
首都＝ドーハ

| 国旗制定日＝1971年1月9日 | 国章制定年＝1976年 |

比率＝11：28

9個のジグザグで海老茶と白に染め分けた国旗は、現在使用されている世界の国旗の中で最も横長のもの。隣国のバーレーンの白と赤のジグザグで分割した国旗に似ている。9個のジグザグは1916年に英国と保護条約を交わした9番目の首長国であることを示す。元々は赤であったが太陽光線で変色し、1949年に海老茶色を公式の色にした。白は平和、海老茶色は過去の戦いで流した血を表す。

円形で中央に交差する剣の間にカタールのダウ船とヤシの木を描き、その周りは国旗と同じ配色で上部にアラビア語で、下部に英語で国名を配したもの。

カンボジア王国

Kingdom of Cambodia

面積＝18万1000㎢
人口＝1601万人
首都＝プノンペン

| 国旗制定日＝1948年10月29日 国旗復活日＝1993年6月29日 | 国章制定日＝1993年9月21日 |

比率＝2：3

中央のアンコール・ワットは12～15世紀のクメール王国が建てた寺院遺跡で、この国のシンボルである。青は王室、赤は国家、白は仏教を表す。フランスの保護領となる前からアンコール・ワットは国旗に使われ、青い縁取りのある赤旗であったが、1948年に上下に2本の青縞に変わった。53年独立し共産政権の下で幾度か国旗が変わり、93年の政変で新生カンボジア王国が誕生、1948年の国旗が復活した。

中央に権力と正義を示す王剣、台座のついた皿、その上に王冠、上部にカンボジア文化を示す太陽光線、底部の銘は国名、サポーターには国民を守る国王のシンボルである日傘を持った象頭の獅子と王室の獅子を配したもの。

キプロス共和国

Republic of Cyprus

面積＝9300㎢
人口＝118万人
首都＝ニコシア

国旗制定日＝2006年4月20日

比率＝2：3

国章制定日＝2006年4月20日

1960年英国から独立。この国のギリシャ系とトルコ系住民は、新しい国旗はギリシャ（青）トルコ（赤）のどちらの色も用いない双方の友好協力を示すデザインとする取り決めをした。オリーブの枝は平和、キプロス島の形の金色は銅の産地であるキプロスの富を表す。74年にトルコ軍が島の北部に独立国家を樹立して84年に独自の国旗を採用したが、残るギリシャ系住民は2006年に一部修正されたこの国旗を使っている。

平和のシンボルである鳩がオリーブの枝をくちばしにくわえたデザインで、下に独立した年号1960年が記されている。平和を望む国民の願望を表したもの。2006年一部修正された。

キルギス共和国

Kyrgyz Republic

面積＝20万㎢
人口＝605万人
首都＝ビシュケク

国旗制定日＝1992年3月3日

比率＝3：5

国章制定日＝1994年1月14日

19世紀後半にロシアの支配下に入り、1936年にソ連邦を構成する共和国となったが、91年独立。中央に黄色い太陽とキルギス人の使う「ユルト」と呼ばれる移動式テントを真上から見た形に描いた赤旗で、遊牧民族の歴史と生活を示している。太陽はキルギスの部族数を表す40本の光線を放っている。赤は勇敢さと勇気、黄は平和と豊かさ、太陽は永遠を表す。

印章型国章の中に雪を頂く天山山脈と日の出を背景に翼を広げた白鷲を、産物である小麦と綿花のリースで囲み、上部に国名キルギス、下部に共和国とキリル文字で記してある。国章の青は勇気と寛容を表す。

クウェート国

State of Kuwait

面積＝1万8000k㎡
人口＝414万人
首都＝クウェート

国旗制定日＝1961年9月7日

比率＝1：2

1961年英国から独立して3ケ月後に新しい国旗に変更した。「汎アラブ色」といわれる国旗の4色は、13世紀の詩から取られたもので、緑はアラブの土地、白は戦士の純粋さ、赤は剣に付いた血、黒は国土を守る戦闘を表している。このデザインは隣国イラクで1959年まで使われていた台形と汎アラブ色からなる国旗に似ている。

国章制定年＝1963年

胸に国旗の色を使った盾を抱いた黄色い鷹が翼を大きく広げ、その中に国名を記したリボンとクウェートで昔から使われてきた海に浮かぶダウ船が描かれている。

サウジアラビア王国

Kingdom of Saudi Arabia

面積＝220万7000k㎡
人口＝3294万人
首都＝リヤド

国旗制定日＝1973年3月15日

比率＝2：3

中央に「アッラーの他に神は無く、ムハンマドはアッラーの使徒なり」と記したコーランの聖句と一本の真直ぐな剣が白く描かれた緑旗。緑はムハンマドの娘ファティマに由来するイスラム教を象徴する色とも、ムハンマドのターバンの色ともいわれる。剣はイスラム教の力と聖地メッカの守護を示している。旗の表裏両方から聖句が正しく読めるように2枚貼り合せて作られている。

国章制定年＝1950年

イスラム教による征服と、1932年に成立したサウジアラビア王国の前身であるヘジャス王国とネジド王国を示す2本の交差した剣と生命力、成長、イスラムの守護を表すヤシの木を配したもの。

ジョージア

Georgia

面積＝7万㎢
人口＝391万人
首都＝トビリシ

国旗制定日＝2004年1月14日

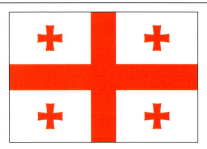

比率＝2：3

2004年1月の政変で大統領が野党国民運動の党首であるミハイル・サーカシビリに変わり新国旗が採用された。12世紀から14世紀にかけて使われた中世ジョージア王国の国旗を原型にした旗で赤い大きな十字の四隅に小さな十字を配した白旗。この十字はエルサレム十字と呼ばれ十字軍に由来する。2015年日本政府は国名呼称をグルジアからジョージアに改めた。

国章制定日＝2005年6月3日

政変により国章も変わった。中央に白馬に跨りドラゴンを槍で退治しているジョージアの守護聖人である聖ゲオルギィを描いた赤い盾と上部に主権を示すジョージア冠、サポーターにライオン、底部にジョージア語で「団結は力なり」と書かれた赤い十字入りの標語リボンを配したもの。

シリア・アラブ共和国

Syrian Arab Republic

面積＝18万5000㎢
人口＝1827万人
首都＝ダマスカス

国旗制定日＝1980年3月29日

比率＝2：3

1946年フランスから独立。58年にエジプトと「アラブ連合共和国」を結成し、赤、白、黒の横三色旗の中央に両国を示す2個の緑の五角星を入れた国旗を制定した。61年に連合は解消されたが、80年にかつての「アラブ連合共和国」国旗が復活した。赤は自由への闘い、白は平和、黒は暗い植民地時代を表す。今日では2個の緑の五角星は美しいアラブの大地とアラブの統一を示している。

国章制定年＝1980年

ムハンマドを生んだクライシュ部族の黄色い鷹で、胸に国旗をあしらった盾を抱き、その下にオリーブのリースを配し、アラビア語の国名を書いたリボンを足でつかんだもの。

シンガポール共和国

Republic of Singapore

面積＝700㎢
人口＝571万人
首都＝なし（都市国家）

国旗制定日＝1959年12月3日
国旗復活日＝1965年8月9日

比率＝2：3

国章制定日＝1959年11月26日

シンガポールが英国より自治権を得た1959年に制定され、赤は平等と世界人類、白は純粋さと美徳を表す。5個の白い五角星は平等、正義、進歩、平和、民主主義を示し、三日月はイスラム教とは無関係で若い国家の発展を象徴している。63年からマレーシア連邦を構成する州としてマレーシア国旗を使っていたが、65年8月9日分離独立後この旗が再び国旗となった。

国旗デザインを取り入れた盾を、サポーターは国名の「獅子の町」を示すライオンとマレーシアとの関わりを示すマレー虎、足元にはマレー語で "Majulah Singapura"「前進せよシンガポール」の標語を配したもの。

スリランカ民主社会主義共和国

Democratic Socialist Republic of Sri Lanka

面積＝6万6000㎢
人口＝2088万人
首都＝スリ・ジャヤワルダナプラ・コッテ

国旗制定日＝1978年9月7日

比率＝1：2

国章制定日＝1972年5月22日

1948年、中央にライオンを描いた赤旗の下に、「セイロン」の名で英連邦内の自治領として独立した。51年3月にヒンドゥー教徒であるタミル人を示すオレンジ色とイスラム教徒を示す緑の縦縞を旗竿側に加えた。剣を持つライオンはシンハラ人を表し、四隅の4枚の菩提樹の葉は仏教を、黄色は仏教による国家と国民の加護を表している。72年共和制を採用し、国名をスリランカと改称した。

シンハラ人のシンボルであるライオンを中央に置き、その周囲に仏教国を示す蓮の花弁、さらに主産物であり富を象徴する稲が、国の繁栄を表す壺から生えてそれらを囲み、下部左の月と右の太陽は国の永続性、頂上の法輪は仏教を示している。

タイ王国

Kingdom of Thailand

面積＝51万3000㎢
人口＝6904万人
首都＝バンコク

国旗制定日＝1917年9月28日	国章制定年＝1910年

比率＝2：3

最初は無地の赤旗であったが、1855年に中央に白象が加えられた。第一次大戦中に赤と白の5本の横縞国旗が選ばれたが、1917年に中央の赤縞を青に変え、米国、英国、フランスなど連合国の国旗の「自由の色」と同じ3色になった。赤は国民の血、白は信仰に守られた国民の純粋さ、青はタイ王室を表す。白象は現在もタイの象徴として海軍旗他に使われる。39年国名をシャムからタイに変更した。

ラーマ6世が採用したガルーダと呼ばれる鳥類の王は、インドの神話にあるビシュヌ神の乗物とされる半人半鳥の霊鳥で、伝説の勇猛なプラ・ナライ王の従者として邪悪に敢然と立ち向かう鳥とされている。

大韓民国

Republic of Korea

面積＝10万㎢
人口＝5098万人
首都＝ソウル

国旗制定日＝1950年1月25日	国章制定日＝1963年12月10日

比率＝2：3

1948年8月、朝鮮半島南部に大韓民国が成立した。白は青、赤とともにこの国の伝統的な色で平和を、中央の太極は陰陽、善悪、新旧、男女など万物が相反する物から成るという中国古来の思想を表す。四隅の卦は四季、方角、天地水火などで国の和合と国家の発展を表す。また白地で国土を、陰陽で国民を、四隅の卦で政府を表し、旗全体で国家を示している。

国花のムクゲを使い中央に太極を配している。ムクゲは民族生命の永遠の強靭性を表している。下部に国名が記してある。

タジキスタン共和国

Republic of Tajikistan

面積＝14万3000㎢
人口＝892万人
首都＝ドゥシャンベ

| 国旗制定日＝1992年11月24日 | 国章制定日＝1993年12月28日 |

比率＝1：2

1929年からソ連邦内共和国の一つを構成したが91年9月9日独立。タジク人はイラン系の民族で、イラン国旗の3色を国旗に使ってきた。独立から1年後に制定された新国旗もこの3色を使い、赤は国家主権、白は主要産業である綿花、緑はその他農産物を表す。中央の黄色い紋章の7つの星と冠については右記参照。

中央に山から上る太陽、その上にある7つの星は天国にあると伝えられる7つの果樹園、冠は国民を表す。底部には開いた本、まわりを綿花と小麦のリースで囲み、国旗の色のリボンで巻いてある。

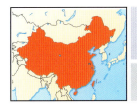

中華人民共和国

People's Republic of China

面積＝960万㎢
人口＝14億952万人
首都＝ペキン（北京）

| 国旗制定日＝1949年9月27日 | 国章制定日＝1950年9月20日 |

比率＝2：3

1949年10月1日、中華人民共和国が建国された。国旗はデザイン・コンテストで選ばれたもので、赤は共産主義の象徴であり漢民族の伝統色、黄は光明、大きな星は中国共産党の指導力、小さな4つの星は中国人民の団結を表している。また5つの星は漢民族、蒙古人、満州人、チベット人、新疆イスラム教徒の統合を示している。この国旗は「五星紅旗」と呼ばれる。

中華人民共和国が1949年に建国宣言を行った天安門に五星紅旗を配したもの。これに農業を示す麦束と米穂、工業を示す歯車を加え、共産主義を表す赤い布で飾り、農工業の調和による国の発展を表す。

朝鮮民主主義人民共和国

Democratic People's Republic of Korea

面積＝12万1000㎢
人口＝2549万人
首都＝ピョンヤン（平壌）

国旗制定日＝1948年9月8日

比率＝1：2

国章制定日＝1993年12月10日

第二次大戦後朝鮮半島北部はソ連邦に占拠され、共産主義勢力が1948年9月9日朝鮮民主主義人民共和国を樹立した。国旗は旗竿寄りの白円に赤い五角星を描いた青、白、赤、白、青の横五分割旗。この3色は伝統的な朝鮮の色で、青は国家の主権と平和への願い、白は輝ける歴史的文化を持つ朝鮮民族、赤は革命で流された血、赤い五角星は社会主義社会の建設、白い円は陰陽を表している。

水豊ダムと水力発電所を稲束で囲み共産主義を表す赤い五角星を配したもの。底部には革命を表す赤いリボンの中央に国名が記されている。1948年に制定された国章に描かれた山を、革命の聖山で金正日が誕生したとされる白頭山に93年修正した。

トルクメニスタン

Turkmenistan

面積＝48万8000㎢
人口＝576万人
首都＝アシガバット

国旗制定日＝2001年1月24日

比率＝2：3

国章制定日＝2003年8月16日

1924年以降ソ連邦の共和国の1つであったが、91年10月27日独立した。国旗の旗竿寄りに、主要5部族のグルという伝統的な絨毯模様が描かれ、その下には95年に国連でトルクメニスタンの永世中立が決議された記念に、オリーブの枝のリースが加えられた。緑はイスラム教のシンボルで三日月は明るい未来、5個の五角星は5つの州を表している。

中央の青い円の中に有名なトルクメン馬、赤い輪の中に国旗に使われている5種類のグルという伝統的絨毯模様、さらに外側に主要産物である綿花と小麦のリースと三日月と5個の五角星を配した黄色い輪郭線を持つ緑の八角形紋章。八角形は豊かさ、平和、古代からの平穏を表している。

トルコ共和国

Republic of Turkey

面積＝78万4000㎢
人口＝8075万人
首都＝アンカラ

国旗制定日＝1936年5月29日

比率＝2：3

準国章制定年＝1923年

勇気を象徴する赤が民族色で、三日月と星はイスラム教のシンボルであると同時に守護で、月の女神ディアナの三日月と聖母マリアの明けの明星を示し、古くからコンスタンチノープル（現在のイスタンブール）で使われてきた。星は1844年には八角星であったが五角星に変えられ、オスマン帝国国旗として使われた。1923年の革命で共和国となって国旗を一部修正し、36年に正式に国旗として制定された。

楕円形の赤地にイスラム教のシンボルである白い三日月と五角星をあしらい、上部に黄色で"Tu..rkiye Cumhuriyeti"「トルコ共和国」と国名を記した紋章で、1922年ケマル・アタチュルクによりスルタン制度が廃止され、オスマン帝国がトルコ共和国と改称された23年から準国章として使われている。

日本国

Japan

面積＝37万7972㎢
人口＝1億2709万人
首都＝東京

国旗制定日＝1999年8月13日

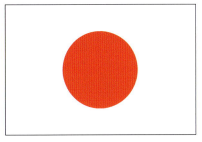

比率＝2：3

皇室紋章制定日＝1926年10月21日

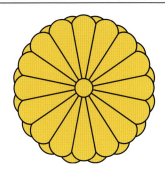

「日章旗」「日の丸」と呼ばれ、白は純粋さや正直さ、赤は情熱や忠誠心の意味を持ち、赤丸は太陽を表す。1854年に日本国の総船印に定められ、70年に比率7：10の商船用旗と2：3の軍艦用旗の2つの規格の日の丸に関する布告が交付された。以来どちらを正式とするかが議論されたが、1999年8月13日に施行された「国旗及び国歌に関する法律」第127号で2：3の日の丸が正式に国旗と制定された。

日本の法制上、国章は存在しない。皇室紋章は黄色の16弁八重表菊花で、紋章様式細則は1926年の皇室儀制令で決められた。菊の紋章は12世紀末の後鳥羽上皇の頃から使われてきたといわれる。1965年以降、政令で定められたものではないが、パスポート表紙に16弁一重表菊花の紋章が使われている。

ネパール連邦民主共和国

面積＝14万7000㎢
人口＝2931万人
首都＝カトマンズ

Federal Democratic Republic of Nepal

国旗制定日＝1962年12月16日	国章制定日＝2006年12月17日

比率＝11：9

2008年に長年続いた王制が廃止されネパールからネパール連邦民主共和国に国名が改称された。ヒマラヤ山麓にあるヒンドゥー教国で、三角形を2つ合わせた世界でも珍しい形の国旗を使っている。太陽と月は古くからのシンボルでネパールの装飾美術品にも頻繁に見受けられ、国家の長期間にわたる繁栄を示す。2つの三角形は高くそびえるヒマラヤ山脈、青は平和と調和、赤は勇気を表している。

2006年政変により国章が変わり、新国章は国花であるシャクナゲの花のリースで囲んだ円形紋章で、上部に国旗、中央にエベレスト山、丘、白いネパールの地図、男女同権を示す男女の握手、そして底部にサンスクリット語で「祖国は天国に勝る」の標語リボンを配したもの。

パキスタン・イスラム共和国

面積＝79万6000㎢
人口＝1億9702万人
首都＝イスラマバード

Islamic Republic of Pakistan

国旗制定日＝1947年8月14日	国章制定日＝1956年3月23日

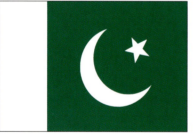

比率＝2：3

英国からの独立とイスラム教徒の国家建設を目標として1906年全インド・イスラム連盟が結成され、イスラム教の象徴である白い三日月と五角星を描いた緑旗を採用した。47年8月パキスタンとして独立した時に、少数派の非イスラム教徒を示す白い縦パネルを旗竿側に加え国旗とした。緑はイスラム教の神聖な色で国の繁栄、白は平和を、三日月は進歩、星は光明と知識を表す。

底部にウルドゥー・ベンガル語で「信頼、統一、規律」の標語リボン、盾に産物である綿花、茶の花、麦、ジュート麻を国花のソケイのリースで囲み、上部にイスラム教のシンボルである星と三日月を配したもの。

バーレーン王国

Kingdom of Bahrain

面積＝800㎢
人口＝149万人
首都＝マナーマ

国旗制定日＝2002年2月16日

比率＝3：5

国章制定日＝2002年2月16日

19世紀初頭より多くの湾岸土侯国で平和と戦闘を象徴する白と赤の旗が使われてきたが、この国旗の原型も19世紀に作られた。白と赤の8個のジグザグは1933年に考案され72年に国旗に制定されたが、2002年2月に政体を立憲王国に変更した際に王室令第4号により、イスラム教の五行に基づいて5個のジグザグに変えられた。白は純粋さと気品、赤は自由を表している。

首長の政治顧問であった英国人により考案された。国旗デザインを盾にあしらい、赤白の飾りを周囲に配したもの。2002年の国旗の変更に伴い、白いジグザグが2個から5個になった。

バングラデシュ人民共和国

People's Republic of Bangladesh

面積＝14万8000㎢
人口＝1億6467万人
首都＝ダッカ

国旗制定日＝1972年1月13日

比率＝3：5

国章制定日＝1972年2月28日

1947年英領インドからパキスタンが分離独立し、その東パキスタン州となったが、71年バングラデシュとして分離独立した。当初はイスラム教を象徴する緑色の旗の中央から旗竿寄りに、闘いで流された血を示す赤い円、その中に黄色のバングラデシュの地図を入れていたが、72年地図が取り除かれた。また赤い円は暗いパキスタン支配時代に終止符を打ち独立日の夜明けに昇った太陽を表す。緑は国の若さと活力を表す。

印章型国章の中央に国にある多くの川を表す国花のスイレンの花、両側に農業国を表す水稲の穂、上部にジュートの葉と民族主義、社会主義、民主主義、世俗主義を示す4個の星を配したもの。

東ティモール民主共和国

The Democratic Republic of Timor-Leste

面積＝1万5000km²
人口＝130万人
首都＝ディリ

国旗制定日＝2002年3月22日

比率＝1：2

長い独立闘争の末、2002年5月20日にインドネシアからティモール島東部が独立。これは1975年独立宣言を行った際に採用した国旗を修正したもので、黒い三角形は克服すべき困難、その外側の黄色は植民地主義の痕跡、赤は独立闘争、白い星は平和を表している。

国章制定日＝2007年1月18日

2007年に印章型国章に変わり、中の盾が今までの物を180度回転させた形で、国旗カラーである赤、黄、黒で構成されている。盾の中には白い星、槍、弓矢、自動小銃、開かれた本にはとうもろこしと稲が配され、ポルトガル語で「統一、行動、進歩」と記されている。円周は白地に赤字で国名と略号が記されている。

フィリピン共和国

Republic of the Philippines

面積＝30万km²
人口＝1億492万人
首都＝マニラ

国旗制定日＝1997年9月16日

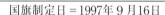

比率＝1：2

白い三角形は自由の象徴で、8本の光を放つ太陽は1898年スペインに反乱を起こした8州を、3個の五角星はルソン、ビサヤ、ミンダナオの主要3島を示している。青は平和と正義、赤は勇気、白は平等を表している。1946年7月4日に現国旗より濃い青を使った国旗の下に米国から独立を果たしたが、97年に青を薄くした。戦時には旗の天地を逆に赤を上にして国民の勇気を奮い立たせる。

国章制定年＝1997年

盾には宗主国であったスペインを示す赤地に黄色いライオンと米国を示す青地に茶色の鷲、国旗と同じ3個の五角星、8本の光を放つ太陽、下にフィリピノ語で国名を書いた白いリボンを配したもの。

ブータン王国

Kingdom of Bhutan

面積＝3万8000k㎡
人口＝81万人
首都＝ティンプー

比率＝2：3

黄色は国王の指導力、オレンジは仏教、白は純粋さと忠誠心を表す。国名のブータンは「雷龍の国」を意味し、山々に響き渡る雷は龍の鳴き声であると信じられてきた。龍がつかんでいる玉は国の富と成熟を表している。龍のデザインは現在の国旗になる前から用いられてきた。

「雷龍の国」を示す左右に一対の雌雄の龍、中央に聖俗両面の優れた伝統的習慣と現代の権力、権威との調和を示す金剛杵を十字に組み合わせた模様、その下に蓮の花、上部に宝珠、龍の周囲に炎を配したもの。上部にゾンカ語、下部に英語でブータン王国政府と記してある。

ブルネイ・ダルサラーム国

Brunei Darussalam

面積＝5800k㎡
人口＝43万人
首都＝バンダルスリブガワン

比率＝1：2

1888年英国の保護下に入り、1984年独立した。元々はスルタンを示す黄色1色の国旗であったが、1906年に首相を表す白とその他大臣を表す黒を、縞幅17：15の比率で加え、更に59年に赤い国章（右記参照）を加えた。

平和と繁栄を示す2本の上向きの手、「常に神の教えに従え」と書かれた三日月、その中に鳥の翼に支えられた旗と日傘、底部に「穏やかな地ブルネイ」のアラビア語の標語リボンを配したもの。

ベトナム社会主義共和国

Socialist Republic of Viet Nam

面積＝33万1000k㎡
人口＝9554万人
首都＝ハノイ

比率＝2：3

1945年ベトナム民主共和国が成立し、赤地に黄色の五角星を描いた国旗が採用された。54年に南北に分断され国旗が2つになったが、76年7月の南北ベトナム統一後はこの旗を国旗として使っている。星の5つの光は労働者、農民、兵士、知識人、商人、星は団結と社会主義社会の建設、赤は独立のために流された血、黄色は革命を表している。

主要作物である稲の穂を輪に社会主義のシンボルの五角星、工業化を示す歯車、革命を表す赤いリボンにはベトナム語で上段に「社会主義共和国」、下段に「ベトナム」と記されている。

マレーシア

Malaysia

面積＝33万k㎡
人口＝3162万人
首都＝クアラルンプール

比率＝1：2

1957年マラヤ連邦として独立、63年にマレーシアを結成した。国旗の赤と白はマレーシアをはじめ東南アジアで親しまれた色で、青は国の統一を示している。黄色は王室の色で三日月と星はイスラム教を表し、星の14の光と赤白14本の縞は連邦を構成する13州と首都地区を表している。

盾に5土侯国を示す5つの短剣、8州を示す4色の縞、ヤシの木に波、マラッカ・ユカン、鷲、盾型紋章、国花のハイビスカスの花、上飾りにイスラム教のシンボルである星と三日月、底部にアラビア語とマレー語で "Bersekutu Bertambah Mutu"「団結は力なり」の標語リボン、盾を支えるサポーターにマレーの虎を配したもの。

ミャンマー連邦共和国

Republic of the Union of Myanmar

面積＝67万7000㎢
人口＝5337万人
首都＝ネーピードー

国旗制定日＝2010年10月21日

比率＝2：3

国章制定日＝2010年10月21日

1974年から使われてきた歯車と稲穂を描いた青いカントンを付けた赤旗を廃し、中央に永続する連邦を示す白い星を付けた黄、緑、赤の三色旗に変えられた。黄は団結、緑は平和と安らかさ、赤は勇気と決意を示している。1989年国名のビルマをビルマ語の呼称ミャンマーに改めた。

2010年に国章も修正され、中央にあった歯車が取り除かれた。中央赤地にミャンマー全土の地図と稲穂のリース、上部に五角星、底部に国名リボン、サポーターに知恵と勇気を表す神話上の動物であるビルマ獅子を配したもの。

モルディブ共和国

Republic of Maldives

面積＝300㎢
人口＝44万人
首都＝マレ

国旗制定日＝1965年7月26日

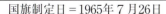

比率＝2：3

国章制定年＝1965年

この国を含めインド洋に面した多くのイスラム諸国はかつては無地の赤旗を使っていたが、20世紀初頭白い三日月を描いた緑の長方形を加え、黒白斜め縞を旗竿側に付けた旗を採用した。この斜め縞は1965年の独立時に取り除かれた。白い三日月はイスラム教、緑は平和と繁栄、赤は自由のために流された血を表している。

中央にイスラム教のシンボルである三日月と星、背後に代表的な輸出品のヤシの木、底部にディベヒ語で16世紀に使われた国名マハル・ディビヤットを記したリボン、左右に国旗を配したもの。

モンゴル国

Mongolia

面積＝156万4000㎢
人口＝308万人
首都＝ウランバートル

国旗制定日＝1992年1月12日

比率＝1：2

1921年に独立。赤は進歩と繁栄、黄色は永遠の友情、青は
モンゴルの伝統的な色でモンゴル国民を表す。左側の紋章はソ
ヨンボという国の繁栄を示す炎、宇宙と永遠を示す太陽と三日
月、敵を倒す弓矢と槍を示す2つの三角形、前進と正直さ、国
家防衛を示す4つの長方形、陰陽を示す巴から構成されている。

国章制定日＝1992年1月15日

ツメン・ナサンという連続模様で描いた円形と
白い蓮台の中央は、黄金のソヨンボと高貴な馬
で独立、主権、民族の精神を表すもの。背景は
神聖な青空の色、上部には過去、現在、未来を
示す宝珠を戴き、下部の法輪とそれにからむス
カーフは永久の繁栄を意味し、背景は母なる大
地の丘をデザインして配したもの。

ヨルダン・ハシェミット王国

Hashemite Kingdom of Jordan

面積＝8万9000㎢
人口＝970万人
首都＝アンマン

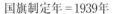

国旗制定年＝1939年

比率＝1：2

初代国王アブドゥラーは旗竿側に赤い三角形を持つ黒、緑、白
のトルコ支配への反乱旗の緑と白の色順を変え、白い七角星を
付けた旗を国旗に採用した。これはコーラン第1章の全7節を
意味する。黒はアッバース朝、白はウマイヤ朝、緑はファティ
マ朝、赤はハシェミット朝を表している。1946年独立し、
49年に国名をトランス・ヨルダン王国からヨルダン・ハシェ
ミット王国に変更した。

国章制定月＝1999年2月

中央に盾の上の半円形の青い地球に乗り背後に
イスラム教による制圧を示す武器を持つ鷲、左
右にアラブ反乱旗、下部に麦穂とヤシの小枝の
リース、復活勲章、「ヨルダン・ハシェミット
王国国王は神の助けと導きを求める」の標語リ
ボン、上部に国王王冠その下に赤い位階服を配
したもの。

ラオス人民民主共和国

Lao People's Democratic Republic

面積＝23万7000k㎡
人口＝686万人
首都＝ビエンチャン

国旗制定日＝1975年12月2日

比率＝2：3

赤は自由と独立を求めて戦った国民の血、青は国の繁栄とメコン川、白い円はメコン川の上に出る満月、幸運と国民の団結を表している。この旗は元々はパテト・ラオ（ラオス愛国戦線）によって1950年に作られた旗で53年独立し、王国時代を経て1975年にパテト・ラオが政権を取り正式に国旗となった。

国章制定日＝1991年8月14日

ビエンチャンのタートルアン仏塔、日の出、森林、米畑、ナムグムダム、歯車、左右に稲穂のリース、底部にラオ語で国名と、左に「平和、独立、民主主義」、右に「統一、繁栄」の標語リボンを配したもの。

レバノン共和国

Republic of Lebanon

面積＝1万k㎡
人口＝608万人
首都＝ベイルート

国旗制定日＝1943年12月7日

比率＝2：3

聖書に出てくる「レバノン杉」がこの国の象徴で、富と力を表している。第一次大戦中にフランスと共に戦うレバノン軍団旗にこのレバノン杉が登場した。フランス統治を経て1943年独立を果たし、レバノン杉を中央に配した赤白二色旗を国旗に採用した。赤は犠牲心と勇気、白は平和と純粋さを示す。

国章制定日＝1943年12月7日

赤い盾の中央にレバノン杉を描き白い斜め帯を配したもの。聖書にも出てくるレバノン杉は古代イスラエル王ソロモンが神殿に、またフェニキア人が造船用に使ったといわれる。

ヨーロッパ

ノルウェー王国
スウェーデン王国
フィンランド共和国
アイスランド共和国
エストニア共和国
ラトビア共和国
リトアニア共和国
ロシア連邦
デンマーク王国
イギリス
アイルランド
ポーランド共和国
ベラルーシ共和国
オランダ王国
ドイツ連邦共和国
ベルギー王国
ルクセンブルク大公国
チェコ共和国
スロバキア共和国
ウクライナ
リヒテンシュタイン公国
オーストリア共和国
ハンガリー
モルドバ共和国
フランス共和国
スイス連邦
スロベニア共和国
ルーマニア
クロアチア共和国
サンマリノ共和国
ボスニア・ヘルツェゴビナ
セルビア共和国
コソボ共和国
モナコ公国
モンテネグロ
ブルガリア共和国
アンドラ公国
バチカン市国
アルバニア共和国
マケドニア・旧ユーゴスラビア共和国
ポルトガル共和国
スペイン王国
イタリア共和国
ギリシャ共和国
マルタ共和国

アイスランド共和国

Republic of Iceland

面積＝10万3000km²
人口＝34万人
首都＝レイキャビク

国旗制定日＝1944年6月17日	国章制定日＝1944年6月17日

比率＝18：25

数世紀にわたりデンマークに支配されて独自の旗を持たなかったが、1915年にアイスランド伝統の色である青と白に、デンマーク国旗の赤と白を組み合わせたスカンジナビア十字の旗の使用が承認された。44年アイスランド共和国として独立し、この旗が国旗に制定された。青は国を取り囲む海、赤は活火山と溶岩、白は氷山と雪を表す。

中央に国旗と同じデザインの盾、サポーターに民話伝説に由来し国を守る精神を示す野牛と巨人、上部に大鷲とドラゴン、台座は岩礁で囲まれたアイスランドの海岸線を示す岩石を配したもの。

アイルランド

Ireland

面積＝7万㎢
人口＝476万人
首都＝ダブリン

比率＝1：2

数世紀にわたり黄色い竪琴を中央に描いた緑旗が非公式ながら国の象徴として使われてきた。緑はケルトの伝統、オレンジ色はオレンジ公ウィリアム支持者、白は平和を表す。この旗は1848年には英国からの独立運動の象徴となったが、1917年までは国旗としての公式使用は許されなかった。49年エールからアイルランドに改称。

金色の竪琴を配した青い盾型紋章で、ヘンリー8世が初めて竪琴の模様を硬貨に使用したといわれ、1586年エリザベス1世が王冠付き竪琴を国のシンボルとして国王紋章に加えた。この竪琴はブライアン・ボル・ハープと呼ばれ、モデルはダブリン市、トリニティ大学博物館に保存されている。

アルバニア共和国

Republic of Albania

面積＝2万9000㎢
人口＝293万人
首都＝ティラナ

比率＝5：7

15世紀に英雄スカンデルベグがオスマン帝国軍と戦った際、使っていた赤旗に双頭の鷲が描かれていた。19世紀後半米国および西欧に移住したアルバニア人がこの旗を復活し、1912年1月28日独立を宣言した際に公式に国旗として採用された。政権が変わる度に双頭の鷲の頭上に特別なデザインを加えてきたが、92年共産党の崩壊と共に赤い五角星が除かれ独立当時の国旗に戻った。

国旗と同じ黒い双頭の鷲を盾に入れ、上部に15世紀にオスマン帝国軍を破ったアルバニアの英雄、スカンデルベグの山羊の角をつけた戦闘用ヘルメットを配したもの。

アンドラ公国

Principality of Andorra

面積＝500㎢
人口＝8万人
首都＝アンドララベリャ

国旗制定日＝1996年6月20日	国章制定日＝1996年6月20日

比率＝7：10

この国旗は1866年の考案と言われるが、いつから使用されたかは不詳。1993年に独立するまでこの国はスペインのウルヘル司教とフランスが共同して主権を持つ公領で、96年6月に国章（右記参照）の規格が定められる前は数種類のデザインが存在した。青はフランス、赤はスペイン、黄はローマ・カトリックを表している。縦縞の比率は32：36：32と黄の幅が広い。

スペイン・ウルヘル司教を示す司教冠と錫杖、フォワ家とカタロニアを示す赤と黄の縦縞、ベアルン（フランスの古い州）を示す赤い牛が描かれ、下部にはラテン語で 国の標語 "Virtvs Vnita Fortior"「団結は力なり」が入っている。

イギリス（グレートブリテン・北アイルランド連合王国）

United Kingdom of Great Britain and Northern Ireland

面積＝24万2000㎢
人口＝6618万人
首都＝ロンドン

国旗制定日＝1801年1月1日	王室紋章制定年＝1952年

比率＝1：2

世界で最も知られ幅広く使われている旗「英国国旗＝ユニオン・フラッグ」は、13世紀に既に使われていたイングランドの聖ジョージ旗と、14世紀に使われたスコットランドの聖アンドリュース旗が1606年に組み合わされ、更に1801年にアイルランドの聖パトリック旗が組み込まれて完成した。

中央に盾、サポーターにイングランド・ライオンとスコットランド・ユニコーン、上部に王冠とイングランド・ライオン、台座にイングランドのバラ、スコットランドのアザミ、アイルランドのクローバー、底部にフランス語で "Dieu Et Mon Droit"「神と自己の権利」の標語リボン、盾の周りにガーター勲章を配したもの。

イタリア共和国

Italian Republic

面積＝30万2000㎢
人口＝5936万人
首都＝ローマ

国旗制定日＝1946年6月19日

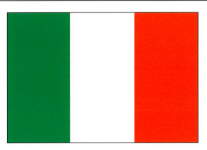

比率＝2：3

1797年2月25日北イタリアにチザルピーナ共和国が成立し、緑、白、赤の縦三色旗を採用した。1848年3月オーストリアとの戦争中にサルジニア国王カルロ・アルベルトは全領土で王章つき縦三色旗を使うことを通知し、*70年にこの旗の下でイタリアは統一国家となった。1946年イタリア共和国となった時に国旗から王章を取り除いた。緑は美しい国土、白は雪、赤は熱血を表している。

国章制定日＝1948年5月5日

中央に国家を示す赤い縁取りのついた白い五角星、労働を示すグレーの歯車、周囲を取り囲む力と平和を表す樫とオリーブの枝のリース、底部に国名入りの赤いリボンを配したもの。

＊一般にイタリア王国成立は1861年とされているが、66年にベネチア、70年にローマが組み込まれて統一が完成した。

ウクライナ

Ukraine

面積＝60万4000㎢
人口＝4422万人
首都＝キエフ

国旗制定年＝1918年
国旗復活日＝1992年1月28日

比率＝2：3

1848年の革命時に使われたガリチア公国リビフ市章の青盾に黄色いライオンが描かれていたことにちなんで、黄と青が選ばれた。第一次大戦後の1918年ウクライナが独立国家となった際、黄青の横二色旗となり、同年、青黄に変えられ21年まで国旗として使われた。22年ソ連邦結成に参加したが、91年8月24日独立し、翌年1月にこの国旗が復活した。青は空、黄は小麦を表している。

国章制定日＝1992年2月19日

中央に黄色い三叉矛を描いた黄色い縁取りのある青い盾型紋章。起源は1世紀に黒海周辺に存在したギリシャ植民都市にさかのぼる。三叉矛はギリシャ神話に登場する海神ポセイドンの武器で権力の象徴。歴代のウクライナ王朝で国章として使われてきたもの。

エストニア共和国

面積＝4万5000k㎡
人口＝131万人
首都＝タリン

Republic of Estonia

国旗制定年＝1918年
国旗復活日＝1990年8月7日

国章制定日＝1990年10月16日

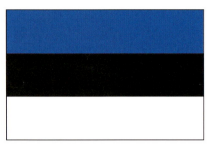

比率＝7：11

国旗の青は空、黒は国土、白は自由への願望を表す。この旗はロシア帝国当時の領土であったエストニアの学生組織 "Vironia" が考案した。1918年から40年は独立国家エストニアの国旗として使用され、40年ソ連邦に加入した。88年再びこの旗が復活し、ソ連邦から独立回復する1年前の90年再度国旗として採用された。

中央に3頭の青いライオンを描いた金色の盾、周りを樫の葉のリースで囲んだもの。樫の葉は国力と自由、ライオンは勇気を表す。この紋章はデンマーク王ワルデマール2世がエストニアのタリンを統治していた12世紀に作られた。デンマーク国章にも同じ3頭のライオンを配してある。

オーストリア共和国

面積＝8万4000k㎡
人口＝874万人
首都＝ウィーン

Republic of Austria

国旗制定日＝1984年4月27日

国章制定日＝1984年4月27日

比率＝2：3

この国旗のデザインは1191年イスラム教徒とのアッコンの戦いで、レオポルド5世がベルト部分のみ白く残して返り血を浴びて真っ赤だったとの故事に基づく。オーストリア・ハンガリー帝国時代には中央に双頭の鷲の紋章が入れられたが、1918年領土が縮小し鷲は単頭となった。38年からのドイツ支配の後45年独立復帰し、横三分割旗が復活した。国章（右記参照）は政府旗のみに付けられる。

胸に国旗と同じデザインの盾を抱いた単頭の黒鷲で、頭上に自治都市を示す城壁冠を被り、農民と工業労働者を示す鎌とハンマーを持ち、1945年のナチスからの解放を表す断ち切られた鎖を付けている。

オランダ王国

Kingdom of the Netherlands

面積＝4万2000㎢
人口＝1704万人
首都＝アムステルダム

国旗制定日＝1937年2月19日

比率＝2：3

国章制定日＝1907年7月10日

1568～1648年の80年戦争で、オランダ兵士は指導者オレンジ公ウィリアムスの紋章の色であるオレンジ、白、青の旗を軍旗や軍艦旗として使った。1581年成立したネーデルラント連邦共和国を構成する多くの州の紋章に、同じ色が使われた。オレンジ色は後に海上で識別がしにくいため赤に変えられた。赤は国民の勇気、白は信仰心、青は忠誠心を表している。

ネーデルラント連邦共和国とオレンジ・ナッソー王家の紋章を組み合わせたもので、中央に団結と力を示す剣と矢束を持ったライオンを描いた青い盾、上部に王冠、サポーターに2頭のライオン、背後に天幕、底部にフランス語で"Je Maintiendrai"「我は擁護する」の標語リボンを配したもの。矢束は7本で独立当時の7州を表す。

ギリシャ共和国

Hellenic Republic

面積＝13万2000㎢
人口＝1116万人
首都＝アテネ

国旗制定日＝1978年12月22日

比率＝2：3

国章制定日＝1975年6月6日

オスマン帝国に占領されていた15世紀半ばから、この国のキリスト教徒は闘争のシンボルとして青、白の十字の旗を使ってきた。1822年3月15日にこのシンボルをカントンに入れた国旗を採用し、30年に独立した。青は海と空、白は自由と独立を求めて戦う国民の純粋さを表す。9本の縞は独立戦争時の「自由か死か」というかちどきの9音節を意味し、1978年以降9本縞なしの国旗は使われなくなった。

国旗のカントンと同じ白い十字を描いた青い盾型紋章で、周りに勝利を表す月桂樹の枝のリースを配したもの。この青、白の十字旗は19世紀オスマン帝国からの独立戦争時に使われ、また1975年から78年までは陸上用国旗として使用され、当時は現在の国旗が海上用国旗であった。

クロアチア共和国

Republic of Croatia

面積＝5万7000k㎡
人口＝419万人
首都＝ザグレブ

国旗制定日＝1990年12月22日

比率＝1：2

国章制定日＝1990年12月22日

赤、白、青の横三色旗は、1848年オーストリアに対する反乱旗として初めて使われた。1918～41年はユーゴスラビアの一部となりこの旗は使われなかったが、41～45年に存在したファシスト・クロアチア独立国はこの横三色旗に自らのシンボルを加え使用した。46～90年は共産政権で、旗に大きな赤い星が加えられた。90年の独立にともない、中央に国章（右記参照）を描いた現在の国旗が制定された。

シャホヴニツァと呼ばれる伝統的なクロアチアの市松模様の上に5個の歴史的な盾が乗っている。左から中央クロアチア、ラグサ、ダルマチア、イストリア、スラボニア。市松模様の赤は海岸部、白は内陸部を表す。

コソボ共和国

Republic of Kosovo

面積＝1万1000k㎡
人口＝180万人
首都＝プリシュティナ

国旗制定日＝2008年2月17日

比率＝2：3

国章制定日＝2008年2月17日

セルビア共和国南部で、住民の9割がアルバニア系のコソボ自治州は2008年2月17日に独立宣言を行い、同日に国旗と国章を制定した。民族が同じ隣国のアルバニアと一体感の印象を避けるため、同国旗に描かれている赤や黒、双頭の鷲のデザインは採用せず、青地に12の星を配置したEU（欧州連合）の旗に似せ、欧州との協調を示す青と平和を示す白、豊かな国土を示す黄色のコソボの地図を組み合わせた旗となっている。

国旗と同じデザインで、黄色い縁取りの付いた青い盾型紋章で、中に描かれたアーチ状の6個の白い五角星は国内のアルバニア系、セルビア系、トルコ系、ボシュニャク系、ロマ系（ジプシー）、ゴラニ系（マケドニアン）の6民族を表す。

サンマリノ共和国

Republic of San Marino

面積＝60㎢
人口＝3万人
首都＝サンマリノ

国旗制定日＝2011年7月22日

比率＝3：4

1263年独自の憲章を定めた世界最古の共和国で、フランス革命の時に初めて白と青の旗を使用した。白はチタノ山に掛かる雲、青は空を表している。国旗中央に国章（右記参照）が描かれている。

国章制定日＝2011年7月22日

駝鳥の羽根を付けたサンマリノ市の3つの塔が描かれ、両脇には月桂樹と樫の枝のリースを配している。下部には国の標語「自由」が記されたリボンがあり、サンマリノが自由を求めて逃げ込んでくる難民を受け入れてきた事実を表す。国章は2011年に修正され共和国でありながら主権の象徴として冠が上部に付いている。

スイス連邦

Swiss Confederation

面積＝4万1000㎢
人口＝848万人
首都＝ベルン

国旗制定年＝1848年

比率＝1：1

神聖ローマ帝国の軍旗は神に仕える意味を示す白の十字を描いた赤旗をしばしば使用した。この旗は1240年スイス連邦建国当時の3州の1つシュビーツ州に、神聖ローマ帝国皇帝フレデリック2世が下賜したもので、これをもとに現在の国旗が1889年に制定された。十字を構成する4本のアーム（腕）は長方形で、長辺は1/6だけ長い。赤は主権、白はキリスト教精神を表す。船には縦横比2：3の旗を使用する。

国章制定日＝1889年12月12日

中央に白い十字を描いた赤い盾型紋章。国章に限らず州章もすべて盾の上部に土冠や上飾り、また両脇に動物などのサポーターが付かない盾型紋章がスイス紋章の特徴である。

スウェーデン王国

Kingdom of Sweden

面積＝43万9000㎢
人口＝991万人
首都＝ストックホルム

国旗制定日＝1906年6月22日

比率＝5：8

国旗の色は異なるが数世紀にわたって戦ったデンマークの国旗をモデルにし、少なくとも12世紀から使われている。青と黄はスウェーデン王室紋章から取られた。現在の国旗はノルウェーがスウェーデンから分離独立し、共通の国旗を廃止した1906年に制定された。青は澄み切った空、黄は国教のキリスト教を意味すると同時に自由と独立を表す。

国章制定日＝1908年5月15日

中央に盾、サポーターに王冠を被った2頭のライオン、上部に王冠、背後に位階服、下部に天使勲章、盾の中はスウェーデンを示す3個の王冠、フォルクンガー王家を示す斜め3本帯上のライオン、小さな盾にはヴァサ王家を示す麦束とベルナドッテ王家を表す鷲と橋、底部にセラフィン勲章を配したもの。

スペイン王国

Kingdom of Spain

面積＝50万6000㎢
人口＝4635万人
首都＝マドリード

国旗制定日＝1981年12月19日

比率＝2：3

1785年スペイン国王カルロス3世は中央に国章を入れたそれまでの白旗海軍旗に替え、スペイン各地で使われていた紋章の色「黄と赤」の横縞旗に国章を描いた海軍旗を採用した。その後200年間に国章のデザインは変化し、1981年に現在の国章（右記参照）となったが、旗の基本形は変わっていない。赤は祖先の勇気、黄は富を表す。

国章制定日＝1981年12月19日

王冠とカステイリャ（赤地に黄色の城）、レオン（白地に赤紫ライオン）、アラゴン（黄地に赤縞）、グラナダ（白地に赤ザクロ）、ナバラ（赤地に黄鎖）、ブルボン（青円に黄ユリの花）を示すデザインとヘラクレスの柱が描かれ、柱にはラテン語で"Plvs Vltra"「より彼方の世界へ」の標語リボンが付いている。

スロバキア共和国

Slovak Republic

面積＝4万9000㎢
人口＝545万人
首都＝ブラチスラバ

比率＝2：3

10世紀初めから約1000年間ハンガリーの支配下に置かれ、1848年当時上部ハンガリーと呼ばれたスロバキアの人々は、白、青、赤の汎スラブ色を旗に選んだ。第二次大戦中を除いて1918〜92年までチェコスロバキアとしてチェコと統一国家を形成した。92年には翌年の分離独立を見通して白、青、赤の横三色旗に、ロシア国旗と区別するため国章（右記参照）を加えた国旗を制定した。

伝統的なハンガリーのデザイン「緑の3つの丘に立つ白い二重十字」を、「青い3つの丘」に変えたものが19世紀に考案された。3つの丘は国の象徴であるマトラ、タトラ、ファトラの山々を表している。

スロベニア共和国

Republic of Slovenia

面積＝2万㎢
人口＝208万人
首都＝リュブリャナ

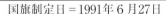

比率＝1：2

スロベニアの伝統的な紋章に使われた白、青、赤の3色は、1699年にロシア国旗が作られて以来スラブ民族の色（汎スラブ色）となり、19世紀初頭から国旗に使用されてきた。第二次大戦後はユーゴスラビア連邦の一共和国となったが、1991年6月25日にスロベニア共和国として独立し、新しい国旗は国章（右記参照）を旗竿側上部に付けた白、青、赤の横三色旗となった。

南アルプスの一峰トリグラフ山と青い空に黄色い3つの六角星を描いた盾型紋章。青い2本の波形の線はスロベニアの海岸を表し、3つの六角星は古いチュルエ伯の紋章から取り入れられた。

セルビア共和国

Republic of Serbia

面積＝7万7000㎢
人口＝710万人
首都＝ベオグラード

国旗制定日＝2010年11月11日

比率＝2：3

国章制定日＝2010年11月11日

2006年6月セルビア・モンテネグロからモンテネグロ共和国が分離独立し、2004年に制定した共和国国旗が6月5日正式国旗となった。「汎スラブ色」を使った赤、青、白の横三色旗で元々は12世紀ビザンチン帝国のシンボルで4個のCからなるオシラ章と白い十字が入った赤い盾を持つ双頭の鷲の略国章が旗竿寄りに付いている。2010年に国旗の色を修正し、濃い青に変えた。

上部に冠、背後に位階服を持つ赤い盾型紋章で盾の上部に冠、中には古くからセルビアのシンボルとして使われてきたオシラ章と白十字を描いた赤い盾を胸に抱え、足元には2個のユリの花を配した白い双頭の鷲が描かれている。双頭の鷲はモンテネグロの国章にも使われている。

チェコ共和国

Czech Republic

面積＝7万9000㎢
人口＝1062万人
首都＝プラハ

国旗制定日＝1920年3月30日

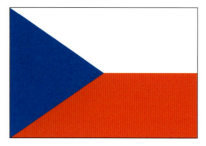

比率＝2：3

国章制定日＝1992年12月17日

1918年チェコスロバキアが独立した時の国旗は、ボヘミア紋章に見られる伝統色である白と赤の横縞旗であった。20年に新共和国の一部であるスロバキアとモラビアのシンボルとして青い三角形が旗竿側に加えられた。この国旗はスロバキアが分離独立してチェコ共和国となった93年以降も変わらず使用されている。青は空、白は純粋さ、赤は独立闘争で流された血を表している。

4等分した盾型紋章で上左、下右にボヘミアの赤地に冠を被った白いライオン、上右にモラビアの青地に冠を被った赤白市松模様の鷲、下左にシレジアの黄色地に冠を被った黒鷲を配したもの。

デンマーク王国

Kingdom of Denmark

面積＝4万3000㎢
人口＝573万人
首都＝コペンハーゲン

国旗制定年＝1854年	国章制定日＝1972年11月16日

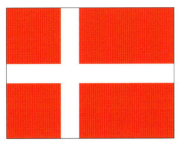

比率＝28：37

伝説では「この国旗は1219年6月国王ワルデマール2世がエストニアと戦っていた時に空から降ってきた」と言われる。赤は神聖ローマ帝国軍旗の色で白い十字はキリスト教を示している。「ダンネブロ」と呼ばれ世界の国旗の中でも古い歴史を持つが、法制化はデンマークがプロシアと戦った1854年に初めて行われた。この旗がスカンジナビア十字旗のモデルになった。

12世紀のクヌード・デンマーク王を示す王冠を被った3頭の青いライオンと9個の赤い心臓を配した黄色の盾型紋章で、上部に王冠を付けたもの。

ドイツ連邦共和国

Federal Republic of Germany

面積＝35万7000㎢
人口＝8211万人
首都＝ベルリン

国旗制定日＝1949年5月23日	国章制定日＝1950年1月20日

比率＝3：5

1848年誕生したドイツ連邦の国旗は黒、赤、金の横三色旗であったが、1867〜1919年、35〜45年は別の国旗が使われた。東西ドイツに分裂した49年に再び国旗として、この横三色旗が復活した。59〜90年の間、東ドイツでは独自の国旗が使用されたが、90年10月3日東西ドイツが統一され、再びこの横三色旗が統一ドイツの国旗となった。黒は勤勉と力、赤は熱血、金は名誉を表す。

単頭の黒鷲を配した金色の盾型紋章。単頭の黒鷲が神聖ローマ皇帝のシンボルとなったのは12世紀のフレデリック1世の頃で、その後15世紀に双頭の鷲に変わり、1871年に単頭の鷲が復活した。ナチス時代も翼の形の異なる単頭の鷲を国章に使っていたが、1950年に現在の形となった。

ノルウェー王国

Kingdom of Norway

面積＝32万4000㎢
人口＝531万人
首都＝オスロ

比率＝8：11

長年デンマークに支配され、その国旗が使われてきたが、1821年にスウェーデンの支配となり、ノルウェーは白十字の中に青十字を入れた赤旗を国旗として制定した。海上ではノルウェー国旗にスウェーデンのシンボルを入れることが求められ、ユニオン・マークと呼ばれる両国国旗を組み合わせたデザインとなったが、1905年に取り除かれた。赤は国民の熱情、青は海と国土、白は雪を表している。

赤い盾型紋章には、中央に王冠を被った黄色いライオンが斧を持って立ち上がり、周りに聖オラフ勲章、上部に王冠、背後に位階服を配したもの。

バチカン市国

State of the City of Vatican

面積＝0.44㎢
人口＝800人
首都＝なし（都市国家）

比率＝1：1

かつては鍵を描いた白旗や赤旗が使われていたが、黄と白の旗は1825年にローマ教皇レオ12世によって採用された。1929年6月8日イタリアとのラテラノ条約により独立国家としてバチカン市国が成立した時に、黄と白の縦二色旗が正式に国旗として制定された。この2色は十字軍遠征時代、エルサレム王国の銀色の盾に金十字の紋章に由来する。白地には国章（右記参照）の絵柄の中央にたれ紐つきのものが描かれている。

交差している金と銀の「ペテロの鍵」は使徒ペテロがイエスから授かったキリスト代理者の印で、聖俗両面にわたる教皇の力を象徴している。その上の3段の教皇冠は立法、司法、行政の3つの権力を表す。原型は古くから使われており、14世紀に教皇位にあったクレメンス6世のものが最初と言われる。

ハンガリー

Hungary

面積＝9万3000k㎡
人口＝972万人
首都＝ブダペスト

比率＝1：2

この3色はハンガリーの古い紋章から取り入れられ、横三色旗は1848年に初めて公式採用された。かつては中央に当時の国章が描かれていたが、1957年10月12日に廃止され、現在の簡潔な横三色旗が制定された。赤は強さ、白は忠誠心、緑は希望を表している。第二次大戦後社会主義体制が成立したが、89年に倒れ共和国となった。2012年1月にハンガリー共和国から現在の国名に改称した。

盾型紋章で、上部に曲がった十字架を付けた12世紀最初のハンガリー王の王冠（聖ステファンの王冠）、盾の中は13世紀アールパード王家のシンボル赤白8本の横縞と、12世紀にハンガリーでよく使われるようになった3つの丘上の白い二重十字を組み合わせたもの。王冠の十字架は1850年頃までは真っ直ぐであった。

フィンランド共和国

Republic of Finland

面積＝33万7000k㎡
人口＝552万人
首都＝ヘルシンキ

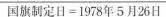

比率＝11：18

1917年ロシアからの独立を達成したフィンランドは、19世紀に詩人のザクリス・トペリウスが考案した雪を示す白地に、湖を示す青十字の旗を1918年に国旗として採用した。その後78年に国旗の青が濃くなった。政府旗には十字の中央に国章（右記参照）が付いている。

盾型紋章で、鎧を着けた腕で剣を振りかざすフィンランド・ライオンが、足元にある隣国ロシアの曲がった刀を踏みつけるデザインで、周りに9つの旧地方を示す9個のバラをあしらっている。16世紀にスウェーデン王グスタフ1世により認可されたものを起源とする。

フランス共和国

French Republic

面積＝55万2000k㎡
人口＝6498万人
首都＝パリ

国旗制定日＝1794年5月20日

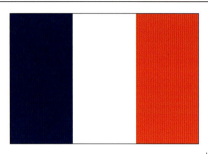

比率＝2：3

準国章制定年＝1953年

世界の多くの国旗に影響を与えた縦三色旗は、1789年のフランス革命が勃発した時に初めて使われ、白はブルボン王朝の色、青と赤はパリ市の色であった。この3色は自由の象徴として既にオランダ、米国で使われていた。1815年から30年の王政復古時代は白旗が復活したが、それ以降は憲法や政府が変わってもこの縦三色旗が使われてきた。青は自由、白は平等、赤は博愛を表している。

国章がなく外務省行政委員会が採用した準国章を使用している。準国章はライオンの頭を載せ、フランス共和国を表すモノグラムFRを配した黄色い盾、背後に古代ローマ執政官が正義のシンボルとして使った束桿斧、月桂樹の枝と樫の葉を配したもの。

ブルガリア共和国

Republic of Bulgaria

面積＝11万1000k㎡
人口＝709万人
首都＝ソフィア

国旗制定日＝1990年11月27日

比率＝3：5

国章制定日＝1997年7月31日

1878年オスマン帝国からブルガリア公国として独立した翌年の4月16日に白、緑、赤の横三色旗が正式に国旗となった。独立を支援したロシアに敬意を表し、ロシア国旗の白、青、赤の青を緑に変えた。白は平和と自由、緑は農業と森林、赤は軍隊の勇気と闘争を表す。第二次大戦後社会主義体制が成立したが、1989年崩壊し90年共和国となった。現在の国旗は白縞に付いていた共産主義のシンボルを取り除いたもの。

中央に王冠を被った黄色いライオンを配した赤い盾、サポーターに2頭のライオン、上部に6個の十字架を付けた14世紀のイワン・シスマン国王冠、底部に樫の枝とブルガリア語で "S' Edinenieto Pravi Silata" 「団結が力となる」の標語リボンを配したもの。3頭のライオンはモエシア、トラキア、マケドニアを表す。

ベラルーシ共和国

Republic of Belarus

面積＝20万8000㎢
人口＝947万人
首都＝ミンスク

国旗制定日＝2012年2月20日

比率＝1：2

国章制定日＝1995年6月7日

1991年にソ連邦からベラルーシ共和国として独立した。独立当時は第一次大戦後使っていた旗を国旗として再び使用していたが、95年ハンマー、鎌と星を除いたソ連邦時代の旗が再度登場した。赤と緑の横二分割旗で赤は過去の戦い、緑は希望と森林を表している。旗竿寄りに白地に赤の伝統的な民族衣装に使われる模様が描かれている。2012年に民族模様が修正された。

円形紋章で、中央に地球、太陽光線、ベラルーシ全図、赤い五角星、両脇にライ麦穂、シロツメクサの花と亜麻の花、底部に国名入りリボンを配したもの。

ベルギー王国

Kingdom of Belgium

面積＝3万1000㎢
人口＝1143万人
首都＝ブリュッセル

国旗制定日＝1831年1月23日

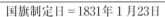

比率＝13：15

国章制定日＝1837年5月17日

黒、黄、赤の3色はベルギーのブラバント州の盾の色に由来し、13世紀初頭に考案されたこの盾には、黒い大地に赤い舌を出した黄色いライオンが描かれていた。1787年オーストリアの支配に反乱を起こした時に黒、黄、赤の花形帽章を用いて戦い、1830年に再び同じ花形帽章を用いてオランダからの独立運動が起こり、翌31年この色に由来する縦三色旗が国旗として制定された。黒は力、黄は充実、赤は勝利を表す。

中央に盾、背後に王の権威を示す交差した2本の錫杖と王冠、周りにベルギーの最高勲章であるレオポルド勲章、底部にフランス語とフラマン語で「団結は力なり」の標語リボン、黒い盾の中は12世紀のブラバント公紋章に由来するブラバント・ライオンを配したもの。

ボスニア・ヘルツェゴビナ

Bosnia and Herzegovina

面積＝5万1000k㎡
人口＝351万人
首都＝サラエボ

国旗制定日＝1998年2月4日

比率＝1：2

国章制定日＝1998年5月20日

1992年3月ユーゴスラビアから独立し新国旗を制定したが、国内のセルビア人とクロアチア人に拒絶された。数年間の内戦の後和平協定が結ばれ、98年新国旗が制定された。青と黄と星はヨーロッパ連合（EU）の旗に由来し、三角形は国土と主なセルビア人、クロアチア人、ボシュニャク人の3民族の融和と共存、黄色は希望を表している。98年2月7日長野冬季オリンピック大会開会式で初掲揚された。

旧国章から銀の斜め縞と6個の黄色い百合の花を取り除き、国旗より2個少ない7個の白い五角星を加えた青い盾型紋章。上部に王冠、上飾り、両脇に動物などが付かないシンプルなスイス型紋章。

ポーランド共和国

Republic of Poland

面積＝31万3000k㎡
人口＝3817万人
首都＝ワルシャワ

国旗制定日＝1990年2月9日

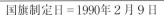
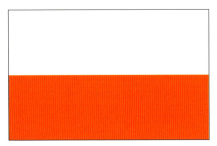

比率＝5：8

国章制定日＝1990年2月9日

1919年に採択されたポーランド国旗は、国章（右記参照）の2色を横に並べた旗であった。39年から45年のナチス・ドイツの占領下ではこの旗の使用は禁じられていた。45年から89年まで社会主義政権下にあったが89年に崩壊し、90年に横2色の国旗が改めて共和国国旗として復活した。赤は独立のために流された血、白は喜びを表している。

冠を被り翼を広げた白鷲を配した赤い盾型紋章で、この起源は古く1241年にさかのぼる。第二次大戦後の社会主義政権下では国章から冠が取り除かれていたが、89年の政変により冠が復活した。

ポルトガル共和国

Portuguese Republic

面積＝9万2000k㎡
人口＝1033万人
首都＝リスボン

国旗制定日＝1911年6月30日

比率＝2：3

国旗に描かれた紋章（右記参照。国章一部）の起源は、12世紀にカスティリャから独立してポルトガル王国を建国した時までさかのぼる。1910年ポルトガルが王制から共和制に変わった1年後に緑と赤が国旗に採用された。緑は未来への希望、赤は大海原に乗り出した勇気あるポルトガルの英雄の血を表している。

国章制定日＝1911年6月30日

5個の青い小さな盾を入れた白い盾は12世紀にムーア人との戦いに勝利した記念で、赤い盾枠の7個の城は1252年アルフォンソ国王とスペインのベアトリス王女の結婚を祝い、国の発展を祈念し加えられた。盾の背後の天球儀は航海術と海外航路の発見を示し、周りを白いリボンで結んだ黄色いオリーブのリースで囲んである。

マケドニア・旧ユーゴスラビア共和国

Former Yugoslav Republic of Macedonia

面積＝2万6000k㎡
人口＝208万人
首都＝スコピエ

国旗制定日＝1995年10月5日

比率＝1：2

1945～91年のユーゴスラビアを構成した共産政権時代は、赤と黄の旗が使用された。92年独立後、黄の光を描いた赤旗を国旗に制定したが、ギリシャに「この旗はスラブではなくギリシャのシンボルである」と強硬に抗議をされ、95年に新国名と共に新国旗を採用した。中央に8本の光を放つ黄の太陽を描いた赤旗で、赤は自由と進歩を求める戦い、黄の太陽は生命、喜びを表している。

国章制定日＝2009年11月16日

長年共産政権時代の国章を使ってきたが、2009年に共産政権の象徴である上部の赤い五角星を取り除いた。中央にコラプ山、ヴァルダル川、オフリド湖、太陽といったマケドニアの風景、周りにリボンで結んだ麦穂、タバコ、ケシのリースを配したもの。国章全体で国の力と自由を表現している。

マルタ共和国

Republic of Malta

面積＝300k㎡
人口＝43万人
首都＝バレッタ

国旗制定日＝1964年9月21日	国章制定日＝1988年10月28日

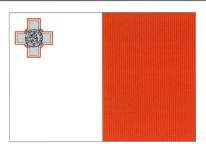

比率＝2：3

白、赤の旗の使用は16世紀からと文書に記されているが、11世紀にサラセン人からマルタを解放したシチリア王国ルッジェーロ1世が作ったとも言われる。旗竿上部に聖ジョージ勲章を描いた白、赤の縦二分割旗で、この勲章はマルタがナチス・ドイツと戦った栄誉を称え1942年英国王ジョージ6世から贈られた。白は信仰心、赤は国民の純粋さを示す。43年から64年の独立までは域旗に青いカントンが付いていた。

国旗と同じデザインを盾に入れ、上部にバレッタ要塞を示す城砦冠、両脇に平和を示すオリーブと祝福を表すヤシの葉のリース、底部に国名リボンをマルタ語で配したもの。

モナコ公国

Principality of Monaco

面積＝2.02k㎡
人口＝4万人
首都＝モナコ

国旗制定日＝1881年4月4日	国章制定日＝1858年3月15日

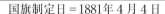

比率＝4：5

14世紀に考案された国章（右記参照）の盾の部分の、菱形の赤と白が国旗に取り入れられた。数世紀にわたり中央に国章を配した白旗を国旗として使ってきたが、この旗は1881年4月4日に政府建物に掲げるものに使用が限定され、国旗は赤と白の横二分割旗となった。この2色はグリマルディ家の紋章の色であるが特定の意味は持たない。

中央にグリマルディ家の赤と白の菱形紋章、サポーターに剣を持った2人のフランシスコ会修道士、上部に公爵冠、背後に位階服、下部に聖シャルル勲章、底部にラテン語で"Deo Juvante"「神のお助けにより」の標語リボンを配したもの。

モルドバ共和国

Republic of Moldova

面積＝3万4000㎢
人口＝405万人
首都＝キシナウ（キシニョフ）

国旗制定日＝1990年5月12日

比率＝1：2

国章制定日＝1990年11月3日

この国はかつてルーマニアの一部であったため、言語、文化もルーマニアと同じで、そのナショナルカラーである青、黄、赤が19世紀から国旗に使われてきた。1940年ソ連邦に併合されていた間は、赤旗または赤と緑の旗が使われていた。独立直前の90年に青、黄、赤の縦3色で、中央に国章（右記参照）が描かれたものが国旗に制定された。

ルーマニアがかつて使っていたワラキアの鷲が黄色の十字架をくわえ、胸に盾を抱えた紋章。赤と青で上下に区切られた盾には黄色い牛の頭、バラ、三日月、八角星などのこの国の歴史を示すデザインが使われている。青は過去と民主主義、黄は現在と伝統、赤は未来と平等を表している。

モンテネグロ

Montenegro

面積＝1万4000㎢
人口＝63万人
首都＝ポドゴリツァ

国旗制定日＝2004年7月12日

比率＝1：2

国章制定日＝2004年7月12日

2006年6月3日モンテネグロは連合体であったセルビア・モンテネグロからモンテネグロ共和国として分離独立し、かねて制定した国旗を使うことになった。新国旗は黄色い縁取りのある赤旗で19世紀に当時のモンテネグロ王国がオスマン帝国と戦った時に用いられた縁取りのある赤い軍旗を基調とした旗で中央にビザンチン帝国に由来する双頭の鷲を描いた新国章（右記参照）を配した国旗。2007年10月モンテネグロに国名改称。

新国章は1910年―1918年に使われたモンテネグロ王国ニコライ一世の紋章を基調に作られている。19世紀のペトロビッチ王朝の緑色の大地の上を右手を上げた黄色いライオンを描いた青い盾を胸に抱き、手に十字架付きの青い宝珠と黄色い笏を持ち、冠を被った黄色の双頭の鷲を配したもの。

ラトビア共和国

Republic of Latvia

面積＝6万5000㎢
人口＝195万人
首都＝リガ

国旗制定年＝1920年
国旗復活日＝1990年2月27日

国章制定日＝1990年2月27日

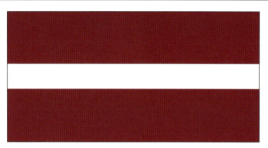

比率＝1：2

この旗を記述してある1279年の本が歴史家のジャニス・グリンバーグによって発見された。1870年にラトビアの学生達が中央に白い横縞を入れた暗赤色のこの旗を復活し、1920年ロシアからの独立を宣言した際に国旗に制定された。40年ソ連邦に併合されて旗は消滅したが、91年独立しこの横三分割旗が復活した。暗赤色は国を守る国民の血、白は誠実さとバルト海を表す。

盾の上部に歴史的な3つの公国の統合を示す3個の星、サポーターに赤いライオンと白いグリフィン、下部に力を表す樫の葉のリースと国旗の色のリボン、盾の中は新生国家を示す日の出、ゼムゲール公国とビドゼム公国を表す剣を持った白いグリフィンとクルゼム公国を示す赤いライオンを配したもの。

リトアニア共和国

Republic of Lithuania

面積＝6万5000㎢
人口＝289万人
首都＝ビリニュス

国旗制定年＝1918年　国旗復活年1989年
国旗制定日＝2004年9月1日

国章制定日＝1991年9月20日

比率＝3：5

この国の伝統的な旗は白馬の騎士を描いた赤旗であるが、1918年リトアニアが独立した時に黄、緑、赤の新しい旗が提案されて同年11月11日初掲揚され、22年正式に国旗に制定された。40年ソ連邦に加入して旗は消滅したが、89年ソ連邦からの独立を達成し、再びこの横三色旗が国旗に制定された。黄は太陽と繁栄、緑は希望と森林、赤は勇気と愛国心を表す。2004年国旗比率が1：2から3：5に変えられた。

赤い盾型紋章で、中は白馬にまたがり、剣と青い盾を振りかざした騎士が描かれている。この黄色い二重十字を描いた青い盾は、1386年ポーランド女王との結婚によりカトリックに改宗したリトアニア大公国ヨガイラ公のシンボルである。

リヒテンシュタイン公国

面積＝200㎢
人口＝4万人
首都＝ファドーツ

Principality of Liechtenstein

国旗制定日＝1982年6月30日	国章制定日＝1957年6月4日

比率＝3：5

青と赤の2色は18世紀リヒテンシュタインのヨセフ・ウェン
ゼル公の従者が着用していた制服に由来し、20世紀に初めて
国旗に使われた。以来青と赤の横二分割旗を国旗としていたが、
1936年のベルリン・オリンピック大会でハイチ国旗と混乱
し、これと区別するために翌37年青縞に公爵冠を加えた。青
は空、赤は家庭の炉の火、黄の公爵冠はこの国が公国であるこ
とと国民との一体感を示している。

上部に公爵冠、背後に位階服を持つ盾型紋章で、
上左にシレジアを示す金色地に黒鷲、上右にザ
クセンの金黒の横縞に緑の斜め冠、下左にトロ
ッパウの赤白縦縞、下右に東フリースランドの
金地に女性の顔を持った黒鳥、下部にイェーゲ
ンドルフの青地に金色ラッパ、中央にリヒテン
シュタイン家公爵のシンボルを配したもの。

ルクセンブルク大公国

面積＝2600㎢
人口＝58万人
首都＝ルクセンブルク

Grand Duchy of Luxembourg

国旗制定日＝1972年8月16日	国章制定日＝1972年8月16日

比率＝3：5

ルクセンブルクの国旗は白と青の横縞を背景とした赤いライオ
ンを描いた盾型紋章に由来する。1815年には赤、白、青の横
三色旗が初めて使われ、67年ルクセンブルクがオランダか
ら独立した時も国旗として認められた。色に特別の意味はなく、
オランダ国旗によく似ているが青が薄い。

ルクセンブルク大公家の盾型紋章で、中央に盾、
上部に大公爵冠、背後に位階服、サポーターに
大公爵冠を被った尻尾が2本のリンブルグ・ラ
イオン、盾の周りに樫冠勲章、白と青の横縞の
盾の中に大公爵冠を被った赤いリンブルグ・ラ
イオンを配したもの。

ルーマニア

Romania

面積＝23万8000km²
人口＝1968万人
首都＝ブカレスト

国旗制定日＝1989年12月27日

比率＝2：3

1861年に当時の領土であったワラキアの黄と青、モルダビアの赤と青に由来する赤、黄、青の横三色旗が制定され、6年後に縦三色旗となった。王国時代、共産政権時代には黄の縞にそれぞれ政権を象徴する紋章が加えられたが、1989年12月27日共産政権の崩壊に伴い紋章のない縦三色旗が改めて国旗となった。青は澄んだ空、黄は鉱物資源、赤は国民の勇気を表している。

国章制定日＝2016年6月8日

十字架をくわえ、ワラキアの聖ミカエルの錫杖とモルダビアの聖ステファンの剣を持ち冠をかぶった黄色い鷲、盾の中は上左にワラキアの黄色の鷲、上右にモルダビアの牛の頭、下左にバナト・オルテニアの黄色のライオンと橋、下右にトランシルバニアの黒鷲、下部にドブロジャを示すイルカを配したもの。

ロシア連邦

Russian Federation

面積＝1709万8000km²
人口＝1億4399万人
首都＝モスクワ

国旗制定年＝1705年
国旗復活日＝1993年12月11日

比率＝2：3

国旗の3色はピョートル大帝が近代国家の模範としたオランダ国旗に由来し、1705年に色順を白、青、赤に変えて国旗に制定、1917年のロシア革命まで使用された。22年ソ連邦が成立して鎌、ハンマー、星のついた赤旗が使われたが、91年崩壊して赤旗は消滅、93年横三色旗が復活した。多くのスラブ系諸国では同じ3色を国旗に採用している。白は高貴と素直さ、青は名誉と純粋さ、赤は勇気と寛大さを表す。

国章制定日＝1993年11月30日

赤い盾型紋章で、中には上部に冠を被り十字の付いた宝珠と錫杖を持ち胸に赤い盾を抱いた双頭の黄色い鷲、胸の盾の中は13世紀からモスクワ公国の守護神である白馬にまたがり、ドラゴンを退治している聖ゲオルギィを配したもの。

アフリカ

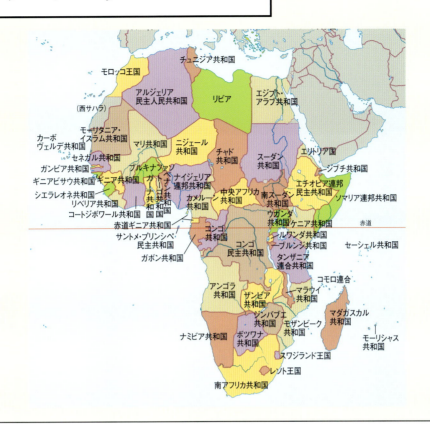

モロッコ王国	チュニジア共和国		

（西サハラ）
アルジェリア
民主人民共和国
リビア
エジプト・
アラブ共和国
モーリタニア・
イスラム共和国
カーボ
ヴェルデ共和国
マリ共和国
ニジェール
共和国
チャド
共和国
スーダン
共和国
エリトリア国
セネガル共和国
ガンビア共和国
ブルキナファソ
ジブチ共和国
ギニアビサウ共和国 ギニア共和国
ガーナ共和国
トーゴ共和国
ベナン共和国
ナイジェリア
連邦共和国
中央アフリカ
共和国
南スーダン
共和国
エチオピア連邦
民主共和国
ソマリア連邦共和国
シエラレオネ共和国
リベリア共和国
コートジボワール共和国
カメルーン
共和国
ウガンダ
共和国 ケニア共和国
赤道ギニア共和国
サントメ・プリンシペ
民主共和国
コンゴ
共和国
赤道
ガボン共和国
コンゴ
民主共和国
ルワンダ共和国
ブルンジ共和国
タンザニア
連合共和国
セーシェル共和国
アンゴラ
共和国
ザンビア
共和国
マラウイ
共和国
コモロ連合
ジンバブエ
共和国
モザンビーク
共和国
マダガスカル
共和国
ナミビア共和国
ボツワナ
共和国
モーリシャス
共和国
スワジランド王国
レソト王国
南アフリカ共和国

アルジェリア民主人民共和国

People's Democratic Republic of Algeria

面積＝238万2000㎢
人口＝4132万人
首都＝アルジェ

国旗制定日＝1962年7月3日

国章制定日＝1976年11月1日

比率＝2：3

緑は繁栄、白は純粋さ、赤は独立闘争で流れた血を表す。三日月と星もイスラム教のシンボルで、この三日月は他のイスラム諸国の国旗のそれと比べて長く、古くから幸運の印と信じられてきた。1830年以来フランスに支配され、この旗は1920年代にフランスに対する抵抗運動で指導者メサーリー・ハージュによって使われた。54年に臨時政府旗となり62年の独立日に正式国旗となった。

印章型国章で、中にイスラム教のシンボルである星と三日月、アトラス山脈から昇る太陽、麦畑、オリーブと樫、幸運を呼ぶファティマの手を配したもの。ファティマはムハンマドの末娘でムハンマドの従弟アリと結婚し、この子孫が10世紀にファティマ王朝を開いた。

アンゴラ共和国

Republic of Angola

面積＝124万7000㎢
人口＝2978万人
首都＝ルアンダ

国旗制定日＝1975年11月11日

比率＝2：3

国章制定日＝1992年8月25日

1975年ポルトガルからの独立達成後も、いくつかの政治勢力が国内で武力闘争を続けていた。最大勢力のアンゴラ解放人民運動の党旗は、中央に黄色い五角星を描いた、赤黒の横二色旗であるが、独立に際してこの旗に農民を示す鉈と工業労働者を示す歯車を加えて国旗とした。赤は独立闘争で流された血、黒はアフリカ大陸、黄は国の富を表し、星は国際連帯と進歩を示している。

新しい国を示す太陽、労働を示す鍬、独立闘争を示す鉈、教育と文化の重要性を示す書物、国際連帯を示す五角星、農業を表すトウモロコシ、コーヒー、綿花と工業を表す歯車で取り巻き、底部に国名リボンを配したもの。

ウガンダ共和国

Republic of Uganda

面積＝24万2000㎢
人口＝4286万人
首都＝カンパラ

国旗制定日＝1962年10月9日

比率＝2：3

国章制定日＝1962年9月21日

1962年新国旗の下、英国から独立した。新国旗には独立直前の総選挙で勝利を収めた最大政党ウガンダ国民会議の党旗の色（黒、黄、赤）が使われている。黒は国民、黄は太陽、赤は兄弟愛を表す。中央の白い円には国鳥のカンムリヅルが描かれており、これは英国植民地時代の域旗にも使われていた。

中央の背後に2本の槍を置いた盾、サポーターに鹿とカンムリヅル、底部にナイル川とビクトリア湖を示す青と白の縞、綿花とコーヒー、英語で "For God and My Country"「神と祖国のために」の標語リボン、盾の中は赤道を示す太陽、ブガンダ王国のシンボル太鼓を配したもの。

エジプト・アラブ共和国

面積＝100万2000㎢
人口＝9755万人
首都＝カイロ

Arab Republic of Egypt

国旗制定日＝1984年10月4日

比率＝2：3

国章制定日＝1984年10月4日

1952年に陸軍将校が王政を倒した時に赤、白、黒の新しいアラブ解放旗が作られた。赤は王制時代、白は無血革命、黒は過去の抑圧を表す。1958年にエジプトがシリアと連合国を作った時に2個の緑の星が加えられた。その後72年に中央の星は金の鷹の紋章に変えられ、さらに84年に国章（右記参照）の金の鷲に変えられて国旗に制定された。

12世紀カイロに王宮を建てたイスラムの指導者サラディンを象徴する金の鷲で、胸に国旗と同じ赤、白、黒の縦縞の盾を抱き、国名の書かれた銘板を足でつかんでいる。

エチオピア連邦民主共和国

面積＝110万4000㎢
人口＝1億496万人
首都＝アディスアベバ

Federal Democratic Republic of Ethiopia

国旗制定日＝1996年10月31日

比率＝1：2

国章制定日＝1996年2月6日

アフリカ大陸最古の独立国で、1941年までの国名はアビシニア。最初の国旗は1897年緑、黄、赤（汎アフリカ色）の横三色旗で作られ、イタリア占領時代を除き同様の国旗が使われてきた。汎アフリカ色は1950〜60年代に誕生したアフリカ新興国の多くの国旗に取り入れられている。96年中央に国章（右記参照）が入れられ現在の国旗となった。緑は労働、黄は希望、赤は自由を表す。

黄色の等間隔の光芒を持ち、立体交差した五角星を青い円に配したもので、青い円は平和、光芒は明るい未来、星はソロモンの印章で、国民の団結、平等を表している。黄色は輝ける繁栄を表す。

エリトリア国

State of Eritrea

面積＝11万8000k㎡
人口＝507万人
首都＝アスマラ

国旗制定日＝1995年12月5日

比率＝1：2

1952年エチオピアに併合され、この年に緑のオリーブの枝を描いた最初の青旗が作られた。93年エチオピアから分離独立し、新国旗が初掲揚されたが95年に一部変更された。緑は農業、青は海洋資源、赤は独立闘争で流された血、黄は鉱物資源を表し、赤地に黄色でオリーブの枝が描かれている。30枚のオリーブの葉は独立に要した30年を示す。

国章制定日＝1993年5月24日

円形紋章で中央に独立戦争時の主要な運搬手段であった砂漠のラクダを描き、周囲をオリーブの枝のリースで囲み、底部に英語、アラビア語、ティグレ語で国名を記したリボンを配したもの。

ガーナ共和国

Republic of Ghana

面積＝23万9000k㎡
人口＝2883万人
首都＝アクラ

国旗制定日＝1957年3月6日
国旗復活日＝1966年2月28日

比率＝2：3

汎アフリカ色の横三色旗で赤は独立闘争で流された血、黄は鉱物資源、緑は森林を表し、中央の黒い五角星はアフリカの自由を示す。この国旗は英領ゴールドコーストが1957年3月6日ガーナ共和国として独立した時に初掲揚された。独立に導いた会議人民党旗に由来し、64～66年のエンクルマ大統領の一党独裁時代には赤、白、緑の会議人民党旗を国旗としていたが、66年の政変により元の国旗が復活した。

国章制定日＝1957年3月4日

中央に緑十字で四分した盾、盾の上にアフリカの自由を表す黒い五角星、サポーターに五角星を首にかけた2羽の鷲、底部に英語で"Freedom and Justice"「自由と正義」の標語リボン、盾の中は緑十字の中心にイングランド・ライオン、地方行政を示す杖と儀式用剣、中央政府を示す海に城、カカオの木、金鉱山を配したもの。

カーボヴェルデ共和国

Republic of Cabo Verde

面積＝4000㎢
人口＝55万人
首都＝プライア

国旗制定日＝1992年 9 月25日

比率＝10：17

国章制定日＝1992年 9 月25日

1975年のポルトガルからの独立以降続いた一党独裁体制が90年に廃止されて複数政党制となり、92年新国旗が制定された。10個の黄色の五角星は国を構成する10の島を示し、青は大西洋と空、白は平和、赤は国民の努力を表している。また青と白は昔のポルトガル国旗の色であり、赤、白、青は米国国旗の色でカーボヴェルデ共和国と両国との緊密な関係を示している。

円形紋章で、中央の平等を示す青い三角形に自由を示すたいまつを入れ、周りにアーチ状に国名、海を表す3本の青い横線、上部に美徳と公正さを示す黄色のおもり、底部に独立闘争を示すヤシの枝、連帯と友情を示す黄色の鎖、国を構成する10島を示す10個の黄色の五角星を配したもの。

ガボン共和国

Gabonese Republic

面積＝26万8000㎢
人口＝203万人
首都＝リーブルビル

国旗制定日＝1960年 8 月 9 日

比率＝3：4

国章制定日＝1963年 7 月15日

1960年フランスから独立し新国旗が制定された。ガボンの国旗のデザインと色はフランス領であった多くの国のように縦三色旗ではなく横三色旗で、この国に一生を捧げたアルベルト・シュヴァイツェルの著作『水と原生林のはざまで』(1921)に由来すると言われる。緑は森林、黄はガボンが位置する赤道、青は大西洋を表している。

中央に盾、背後に重要な産業の林業を示すオクメ材、サポーターに勇気と慎重さを示す黒豹、フランス語で上部に "Uniti Progrediemur"「団結し前進」、底部に "Union, Travail, Justice"「統一、労働、正義」の標語リボン、盾の中は鉱物資源を示す緑地に3個の黄色い丸、海の重要性を表す黒い船を配したもの。

カメルーン共和国

Republic of Cameroon

面積＝47万6000k㎡
人口＝2405万人
首都＝ヤウンデ

国旗制定日＝1975年5月20日

比率＝2：3

国章制定年＝1986年

旧仏領西アフリカの政党アフリカ民主連合の党旗にちなんで1957年緑、赤、黄の縦3色の域旗を制定。60年旧仏領東部カメルーンが独立、61年旧英領の南部を合わせてカメルーン連邦共和国、72年同連合共和国となった。75年縦三色旗の国旗を制定、84年カメルーン共和国と改称。中央の黄色の五角星は国の統一を表し、緑は南部の豊かな森林、赤は独立と南北の団結、黄は北部のサバンナを示す。

盾型紋章で、背後に古代ローマ執政官が用いた2本の束桿斧、上部に英語で "Peace, Work, Fatherland"、仏語で "Paix, Travail, Patrie"「平和、労働、祖国」の標語、底部に2ヶ国語で国名リボン、盾の中は国旗の色に染め分け、中央にカメルーン領土、五角星、平等を示す天秤を配したもの。

ガンビア共和国

Republic of The Gambia

面積＝1万1000k㎡
人口＝210万人
首都＝バンジュール

国旗制定日＝1965年2月18日

比率＝2：3

国章制定日＝1964年11月18日

国土は中央を流れるガンビア川に沿う両岸の細長い地域で、国名はこの川の名前に由来する。15世紀から英領植民地であったが、国旗は1965年独立した日に制定され、70年共和国となった。赤は太陽とサバンナ、青はガンビア川、緑は森林、2本の白い縞は統一と平和を表す。

中央に盾、上部に上飾りとヤシの葉、サポーターにガンビアの2大民族であるマンディンゴ人の鍬とフラニ人の斧を持った2頭のライオン、底部に英語で "Progress, Peace, Prosperity"「進歩、平和、繁栄」の標語リボン、青地の盾の中にも鍬と斧を配したもの。

ギニア共和国

Republic of Guinea

面積＝24万6000k㎡
人口＝1272万人
首都＝コナクリ

| 国旗制定日＝1958年11月10日 | 国章制定日＝1993年12月12日 |

比率＝2：3

汎アフリカ色の3色はフランスからの独立運動を指導していたギニア民主党の党旗に由来し、1958年の独立に際し縦三色旗として国旗に採用した。赤は反植民地闘争で流した血、黄は太陽と鉱物資源、緑は農業と繁栄を表す。独立の父であるセク・トーレ大統領は当時のガーナのエンクルマ大統領と共に、将来2カ国を統合させる願いの下に国旗の3色をガーナと同じにしたと言われる。

茶色で輪郭を取った白い盾型紋章で、上部にオリーブの枝をくわえた平和のシンボルである白鳩、盾の台座に国旗の3色を使い、底部にフランス語で、"Travail, Justice, Solidarite"「労働、正義、団結」という標語リボンを配したもの。

ギニアビサウ共和国

Republic of Guinea-Bissau

面積＝3万6000k㎡
人口＝186万人
首都＝ビサウ

| 国旗制定日＝1973年9月24日 | 国章制定年＝1973年 |

比率＝1：2

ポルトガルの数世紀にわたる支配からの独立は、ギニア・カーボヴェルデ独立アフリカ党に指導された独立運動によって達成された。その党旗に由来する汎アフリカ色の国旗が1973年の独立日に国旗に制定された。黄は太陽と鉱物資源、緑は農産物、赤は独立闘争で流した血、黒い五角星はアフリカ人の自由と尊厳を表している。

中央にアフリカ人の自由と尊厳を表す黒い五角星、平和を示すヤシの葉のリースがこれを囲み、下部にポルトガル語で"Unidade, Luta, Progresso"「統一、闘争、進歩」の標語リボン、底部に大西洋を表す帆立貝を配したもの。

ケニア共和国

Republic of Kenya

面積＝59万2000k㎡
人口＝4970万人
首都＝ナイロビ

国旗制定日＝1963年11月29日

比率＝2：3

国章制定日＝1963年10月15日

英国からの独立闘争を指導したケニア・アフリカ民族同盟の党旗をモデルに作られた旗が、1963年の独立日に国旗に制定された。黒は国民、赤は自由を求めた闘争、緑は自然の豊かさ、2本の白い縞は平和と統一を表す。中央には自由を求めた闘争のシンボルとしてマサイ族の盾と槍が描かれている。

中央に盾、背後に2本の赤い槍、サポーターに2頭の黄色いライオン、台座にコーヒー、茶、トウモロコシ、パイナップル、除虫菊、麻とケニア山、底部にスワヒリ語で"Harambee"「共に働かん」の標語リボン。盾の中は国旗の色に染め分け、中央にケニア・アフリカ民族同盟のシンボルの斧を持った雄鶏を配したもの。

コートジボワール共和国

Republic of Côte d'Ivoire

面積＝32万2000k㎡
人口＝2430万人
首都＝ヤムスクロ

国旗制定日＝1959年12月3日

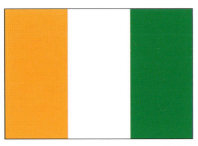

比率＝2：3

国章制定年＝2011年

国名はフランス語で「象牙海岸」を意味し、1960年8月7日の独立の前年1959年に新しい縦三色旗を制定した。オレンジは豊かな国土と解放闘争を行なった若者の血、緑は将来への希望、白は正義ある平和と純粋さを表している。この3色は独立に導いたコートジボワール民主党の党旗から取り入れられた。

盾型紋章で、背後に昇る太陽、盾のサポーターに主要産物であるヤシの木、底部に国名を記した黄色いリボン、緑の盾の中は国名由来の白いアフリカ・サバンナ象の頭を配したもの。

コモロ連合

Union of Comoros

面積＝2200km²
人口＝81万人
首都＝モロニ

国旗制定日＝2001年12月23日

比率＝3：5

国章制定日＝2005年3月21日

2001年国名を「コモロ・イスラム連邦共和国」から「コモロ連合」に変更した際に新国旗を制定した。黄は太陽と進歩とモヘリ島、白は自由と純粋さとマイヨット島、赤はフランスからの独立闘争で流された血とアンジュアン島、青はインド洋とグラン・コモロ島、緑と三日月はイスラム教を表す。4個の白い五角星はコモロ連合が固有の領土と主張するフランス領マイヨット島を含む4島を象徴する。

中央に緑の8つの光、その上に構成4島を示す4個の五角星を付けたイスラムのシンボル三日月、上下にフランス語とアラビア語で国名、その周りに植物のリース、底部にはフランス語で"Unité, Solidarité, Développement"「統一、連帯、発展」の標語リボンを配したもの。

コンゴ共和国

Republic of Congo

面積＝34万2000km²
人口＝526万人
首都＝ブラザビル

国旗制定日＝1959年9月15日
国旗復活日＝1991年6月10日

比率＝2：3

国章制定日＝1963年8月12日
国章復活日＝1991年6月10日

汎アフリカ色で斜めにデザインされたこの三色旗は1959年に制定され、緑は森林と農業、黄は友情と国民の誇り、赤は独立闘争で流した血を表している。60年8月15日フランスから独立以降も国旗として使用され、69年社会主義政権が誕生し一時国旗が変えられたが、91年6月に元のデザインに戻された。

盾型紋章で、盾には自由な国民を示す赤いたいまつを持った赤いライオン、コンゴ川を示す緑色の波状帯が描かれている。サポーターに2頭の象、上部に国名を記した密林型冠、底部にフランス語で"Unite, Travail, Progres"「統一、労働、進歩」の標語リボンを配したもの。

コンゴ民主共和国

Democratic Republic of the Congo

面積＝234万5000㎢
人口＝8134万人
首都＝キンシャサ

国旗制定日＝2006年2月18日	国章制定日＝2006年2月18日

比率＝3：4

1960年にベルギーから独立を達成したが、政治的混迷が続き71〜97年はザイール共和国と改称し、97年現在の国名に改称し、独立当時の6個の黄色い星を描いた青旗が使われていた。06年2月新憲法発布に伴い63〜71年に使用された国旗に似た新国旗が制定された。青は平和、赤は国の為に流した犠牲者の血、黄は国の富、カントンにある5角星は光輝くコンゴ民主共和国の未来を表している。

ライオンの頭を描いた国章が廃止されて国旗と同様、新しい国章が制定された。右に槍、左に象牙で飾られた独立のシンボルである豹の頭を描き、その下にフランス語で"Justice, Paix, Travail"「正義、平和、労働」の赤い標語リボンを岩の上に配したもの。

サントメ・プリンシペ民主共和国

Democratic Republic of Sao Tome and Principe

面積＝1000㎢
人口＝20万人
首都＝サントメ

国旗制定日＝1975年11月5日	国章制定日＝1975年11月5日

比率＝1：2

1975年7月12日ポルトガルから独立したが、独立闘争を指導したサントメ・プリンシペ解放運動党旗をモデルに国旗が作られた。「汎アフリカ色」を使い、赤は独立闘争で流された血、緑は農業、黄は主要産業であるココアを表す。黒い2個の五角星はサントメ島とプリンシペ島を表しており、黒い星はガーナ国旗の影響を受けていると言われる。

中央にあるココアの実の形の盾の中に主要産物であるココヤシの木を描き、上部にアフリカの自由を示す黒い星と国名リボン、星の下に国旗カラーのひねり布、盾の左にハヤブサ、右にオウム、底部にポルトガル語で"Unidade, Disciplina, Trabalho"「団結、統制、労働」の標語リボンを配したもの。

ザンビア共和国

Republic of Zambia

面積＝75万3000㎢
人口＝1709万人
首都＝ルサカ

比率＝2：3

統一民族独立党が独立運動を指導し英領北ローデシアが、1964年ザンビア共和国として独立を達成した。新国旗は独立日に当たる東京オリンピック大会閉会式の10月24日に初掲揚された。図柄をすべてフライに集めた珍しい国旗で、緑は農業と森林資源、赤は独立闘争、黒はアフリカ人、オレンジは銅、サンショクウミワシは自由と困難に打ち勝つ力を表している。

盾型紋章で、上部に自由を示す黄色いサンショクウミワシ、農業と鉱業を示す鋤とツルハシ、サポーターに男性と女性、底部に鉱山施設、シマウマ、トウモロコシ、英語で "One Zambia, One Nation"「一つのザンビア、一つの国家」の標語リボン、盾の中はビクトリア瀑布を示す黒白の縦波線を配したもの。

シエラレオネ共和国

Republic of Sierra Leone

面積＝7万2000㎢
人口＝756万人
首都＝フリータウン

比率＝2：3

1961年英国から独立し、独立日に新国旗が制定された。緑、白、青の横三色旗で緑は農業と山々、白は正義と統一、青は世界平和へ貢献する願いと重要な商業港であるフリータウン港を表す。国名の起源「ライオン」は最初にこの地に到着したポルトガル人探検家が、山にとどろく海鳴りの音から「ライオンの山」と命名したことに由来する。

国旗の3色とともにライオンが描かれている。中央に盾、サポーターにヤシの木を持った2頭のライオン、底部に英語で "Unity, Freedom, Justice"「統一、自由、正義」の標語リボン、盾の中は自由と知識を示す3本のたいまつ、「ライオンの山」を示す緑のジグザグ、海洋交易を示す青と白の波線にライオンを配したもの。

ジブチ共和国

Republic of Djibouti

面積＝2万3000km²
人口＝96万人
首都＝ジブチ

国旗制定日＝1977年6月27日

比率＝2：3

国章制定日＝1977年6月27日

19世紀末からの仏領ソマリ海岸が1967年アファル・イッサと改称、77年ジブチ共和国として独立した。国旗の青はソマリ系イッサ人、緑はエチオピア系アファル人で、この国の2つの民族グループを表す。また青は海と空、緑は大地、白は平和、赤は独立闘争、五角星は国家の統一、三角形は平等を示す。これと似た旗はフランス支配からの独立を指導したソマリ海岸解放戦線で使われていた。

中央に主権の防衛を表す盾と槍、その上部に統一を表す赤い五角星、ジブチの二大民族であるアファル人とイッサ人を表す二本の手に握られた二本の蛮刀、その周りに平和を表す月桂樹の枝のリースを配したもの。

ジンバブエ共和国

Republic of Zimbabwe

面積＝39万1000km²
人口＝1653万人
首都＝ハラレ

国旗制定日＝1980年4月18日

比率＝1：2

国章制定日＝1981年9月21日

かつては英領南ローデシアと呼ばれ、1965年の白人政権による「ローデシア」独立宣言を経て、80年ジンバブエ共和国として独立した。国旗の4色は独立を指導したジンバブエ・アフリカ民族同盟愛国戦線の党旗の色で、白い三角形にジンバブエ遺跡の神柱の紋章から取られた大ジンバブエ鳥が描かれている。緑は農業、黄は鉱物資源、赤は独立闘争、黒は黒人、白は平和と進歩、鳥の背後の赤い五角星は希望を表す。

中央に盾、背後にライフル銃と鍬、上部に希望を示す赤い星と大ジンバブエ鳥、台座にトウモロコシ、綿花、小麦、底部に英語で "Unity, Freedom, Work"「統一、自由、労働」の標語リボン、サポーターに鹿の一種クードゥー、盾の中は水資源を示す青、白の波線、国の偉大な歴史を示すジンバブエ遺跡を配したもの。

スーダン共和国

The Republic of the Sudan

面積＝188万㎢
人口＝4053万人
首都＝ハルツーム

国旗制定日＝1970年5月20日

比率＝1：2

国章制定年＝1985年

19世紀末からイギリス、エジプトの共同統治下におかれたが、1956年スーダン共和国として独立。69年に政変が起こり、翌70年国旗が公募によるデザインに変更された。エジプトのアラブ解放旗に由来し、「汎アラブ色」と呼ばれる4色からなり、緑は農業と繁栄、赤は独立闘争と犠牲者、白は平和、黒は国名である「黒い土地」を表す。

国章はヘビクイワシが盾を抱いて翼を広げたもので、上部に「勝利は我らに」というアラビア語の標語リボン、底部にスーダン共和国という国名リボンを配したもの。

スワジランド王国

Kingdom of Swaziland

面積＝1万7000㎢
人口＝137万人
首都＝ムババーネ

国旗制定日＝1967年10月30日

比率＝2：3

国章制定日＝1968年4月30日

第二次大戦で英国軍に属して戦ったスワジ工兵連隊が現在の国旗によく似た旗を使っていた。青は平和と安定、黄は鉱物資源、暗赤色は過去の戦いで流した血を表している。中央にはスワジの伝統的な盾と槍、天人鳥の羽の付いた国王の杖が描かれ、鳥の羽根は王家を示している。英国からの独立は国旗制定の翌1968年9月6日に達成した。

中央に国の防衛を表す盾と槍を配した青い盾、上部に天人鳥の羽根で作った戦士の頭飾り、サポーターに国王を示すライオンと女王の母を表す象、底部にスワジ語で"Siyinqaba"「我は砦なり」の標語リボンを配したもの。

赤道ギニア共和国

Republic of Equatorial Guinea

面積＝2万8000㎢
人口＝127万人
首都＝マラボ

| 国旗制定日＝1968年10月12日 |
| 国旗復活日＝1979年8月21日 |

| 国章制定日＝1968年10月12日 |
| 国章復活日＝1979年8月21日 |

比率＝2：3

この国旗は1968年のスペインからの独立日に制定され、緑は農業、白は平和、赤は犠牲者の血、青は5つの島と大陸部を結ぶ海を表す。中央には国章（右記参照）が描かれている。72～79年のンゲマ独裁時代は別の国章が使われていたが政変が起こり、79年旧国旗が復活した。

パンヤの木の入った銀色の盾、国を構成する5つの島と大陸部リオムニを象徴する6個の金の星、底部の標語リボンにはスペイン語で"Unidad, Paz, Justicia"「統一、平和、正義」が書かれている。

セーシェル共和国

Republic of Seychelles

面積＝500㎢
人口＝10万人
首都＝ヴィクトリア

| 国旗制定日＝1996年6月18日 |

| 国章制定日＝1996年6月18日 |

比率＝1：2

1976年6月29日英国から独立したが、翌年政変が起こり国旗が変えられた。新国旗はセーシェル人民連合党旗をモデルに作られたが、93年の新憲法で政府は多党制を認めることになり、国旗は支配政党の影響を受けないデザインに変更、96年再度新国旗が導入された。この新国旗は大変ユニークなデザインで、青は海と空、黄は太陽、赤は国民と労働、白は正義と調和、緑は国土を表す。

中央に盾、上部に国旗カラーの布リースと国鳥の白尾熱帯鳥、サポーターはバショウカジキ、底部の標語リボンはラテン語で"Finis Coronat Opvs"「最後に事は報われる」。盾の中は亀、特産のココヤシの木、船、マヘ島の海洋風景を配したもの。

セネガル共和国

Republic of Senegal

面積＝19万7000㎢
人口＝1585万人
首都＝ダカール

国旗制定日＝1960年8月20日

比率＝2：3

国章制定年月＝1965年12月

1960年6月、旧仏領スーダンと結成したマリ連邦としてフランスから独立したが、同年8月22日に連邦からセネガル共和国として分離独立した。マリ連邦の国旗は中央にカナガと呼ばれる黒人像を描いた汎アフリカ色の縦三色旗であったが、この黒人像を緑の五角星に変えた旗を国旗に制定した。緑は発展への希望、黄は天然資源、赤は独立闘争で流された血、中央の緑の五角星は希望と統一を表している。

盾型紋章で、上部に希望と統一を表す緑色の五角星、周りをフランス語で "Un Peuple, Un But, Une Foi"「一つの民族、一つの目標、一つの信念」の標語リボンを付けたヤシの小枝のリースで囲み、下部に国民獅子勲章、盾の中は国力を示すライオン、セネガル川を示す緑色の波線、セネガル特産バオバブの木を配したもの。

ソマリア連邦共和国

Federal Republic of Somalia

面積＝63万8000㎢
人口＝1474万人
首都＝モガディシュ

国旗制定日＝1954年10月12日

比率＝2：3

国章制定日＝1956年10月10日

第二次大戦後、旧イタリア植民地であったソマリアは国連管理下に置かれ、独立に備えて1954年に国連旗に由来する淡青色と白星の旗が考案された。白の五角星はソマリ人が住む5つの地域を表す。60年7月1日に旧イタリア領ソマリアが独立し、4日早く独立した旧英領ソマリランドとともに同じ国旗の下統合されてソマリア共和国となり、69年ソマリア民主共和国と改称したが、2012年ソマリア連邦共和国に改称された。

中央に国旗と同じデザインを配した盾、上部に冠、サポーターに2頭の豹、底部に2本の槍と2枚のヤシの葉と白い帯を配したもの。

タンザニア連合共和国

United Republic of Tanzania

面積＝94万7000㎢
人口＝5731万人
首都＝ドドマ

国旗制定日＝1964年 6 月30日

比率＝2：3

国章制定日＝1964年 6 月30日

1961年タンガニーカが英国から独立した時の国旗は黄色の縁取りをした黒縞を持つ緑旗、一方63年ザンジバルが英国から独立した時の国旗は青、黒、緑、白を使った旗で、両国共に独立時点での最大政党の党旗の色が国旗に使用されていた。64年4月26日両国が統合してタンザニアとなり、2つの国旗を組み合わせて新国旗が作られた。緑は国土、黒は国民、青はインド洋、黄は鉱物資源を表す。

中央に戦士の盾、サポーターに象牙を持つ男性と女性、台座はコーヒーと綿花をあしらったキリマンジャロの山の風景、底部はスワヒリ語で "Uhuru Na Umoja"「自由と統一」の標語リボン、盾の中はタンガニーカを示す炎、国旗、国土防衛を示す槍、ザンジバルを示す鍬と斧、湖とインド洋を示す波線を配したもの。

チャド共和国

Republic of Chad

面積＝128万4000㎢
人口＝1490万人
首都＝ンジャメナ

国旗制定日＝1959年11月 6 日

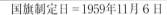

比率＝2：3

国章制定日＝1970年 8 月11日

フランスの植民地であったが、1950年代末に自治権を認められ、歴史的な背景を持たずに国旗を定めることになった。この地域に縦三色旗が多いのはフランス国旗の影響と考えられる。チャドはフランス国旗の真ん中の白を黄に変えた旗を1959年国旗に制定した。青は空と希望、黄は太陽と砂漠、赤は進歩、統一を表している。ルーマニア国旗に大変似ているが、チャドは青が濃い。

中央にチャド湖を示す青いギザギザ模様の盾、上部に太陽、サポーターのチャド北部を表す山羊と南部を表すライオンには、主な産物である岩塩を表す赤い上向き矢印がついている。下部に共和国勲章、底部にフランス語で "Unite, Travail, Progres"「統一、労働、進歩」の標語リボンを配したもの。

中央アフリカ共和国

Central African Republic

面積＝62万3000㎢
人口＝466万人
首都＝バンギ

国旗制定日＝1958年12月1日

比率＝2：3

1958年12月仏領ウバンギ・シャリが中央アフリカ共和国と改称、新国旗が制定された。赤はアフリカ人と欧州人に共通する血、青、白、赤は旧宗主国フランス国旗の色、緑、黄、赤は汎アフリカ色、黄色の五角星は活力ある未来への願望を表す。個々の色の意味は青が自由、白が平和、緑が希望、黄が忍耐、赤が独立闘争で流した血を示す。60年8月15日の独立以降も引き続き国旗として使われている。

国章制定日＝1963年5月17日

上部に太陽、サンゴ語で "Zo Kwe Zo"「人間、皆平等」の標語、サポーターに2本の国旗、下部に国民功績勲章、底部にフランス語で "Unite, Dignite, Travail"「統一、尊厳、労働」の標語、盾の中はアフリカ大陸の地図の上に黄色い五角星を置いた赤い盾、背後に象、バオバブの木、3個のダイヤモンド、黒人の手を配したもの。

チュニジア共和国

Republic of Tunisia

面積＝16万4000㎢
人口＝1153万人
首都＝チュニス

国旗制定日＝1999年7月3日

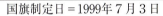

比率＝2：3

北アフリカ・イスラム諸国が海上で使用してきた無地赤旗に、1831年この国の伝統的な模様の白円と赤い星と三日月が加えられた。白円は太陽、三日月と星はイスラム教を表す。また三日月は古代カルタゴ王国を建設したフェニキア人の女神タニスのシンボルである。1881～1956年までフランスの保護領であったが、56年独立後もこの国旗が使われ、99年に星と三日月のデザインが修正された。

国章制定日＝1989年9月2日

盾型紋章で、上部に国旗中央と同じ赤い星と三日月、盾の中は自由を表すカルタゴのガレー船、正義を表す天秤、秩序を表す剣を持ったライオン、中央に「自由、秩序、正義」のアラビア語の標語リボンを配したもの。

トーゴ共和国

Republic of Togo

面積=5万7000k㎡
人口=780万人
首都=ロメ

国旗制定日＝1960年4月27日

比率＝3：5

国章制定月＝1980年4月

1884年にドイツ保護領トーゴランドとなり、第一次大戦後は東半がフランス領、西半がイギリス領に分割された。西半はゴールドコースト（のちのガーナ）に併合されたが、東半が1960年にトーゴとして独立し、国旗が制定された。緑と黄の5本の縞はトーゴを構成する5地区を示す。緑は希望と農業、黄は国民の団結と鉱物資源、白は平和、赤は独立闘争で流した血、また五角星は自由と生命を表す。

中央の太陽の中に赤字で国の頭文字RT、上部に2本の国旗、フランス語で"Union, Paix, Solidarité"「統一、平和、団結」の標語リボン、下部に祖国防衛を示す弓矢を持った2頭の赤いライオンを配したもの。

ナイジェリア連邦共和国

Federal Republic of Nigeria

面積=92万4000k㎡
人口=1億9089万人
首都=アブジャ

国旗制定日＝1960年10月1日

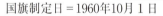

比率＝1：2

国章制定日＝1978年10月1日

1958年の国旗デザイン・コンテストで選ばれた学生の作品から、中央の太陽を除いた緑、白、緑の縦三分割旗がナイジェリアの国旗に制定され、60年イギリスから独立した。国旗の作者が飛行機から見た森と広大な平野が広がる国の姿を描いた旗で、緑は農業、白は平和と統一を表している。

中央に盾、上部に権力を示す赤い鷲、サポーターに尊厳を示す2頭の白馬、台座に国花で野生のコスタスという花、底部に英語で"Unity and Faith, Peace and Progress"「統一、信念、平和、進歩」の標語リボン、黒い盾の中はニジェール川とベヌエ川の合流点を示す白いY字を配したもの。

ナミビア共和国

Republic of Namibia

面積＝82万4000㎢
人口＝253万人
首都＝ウィントフック

国旗制定日＝1990年3月21日

比率＝2：3

国章制定日＝1990年3月21日

1990年3月21日の南アフリカ共和国からの独立に備えて開催された国旗のデザイン・コンテストで、1000点余の作品から独立闘争を指導してきた南西アフリカ人民機構党旗の青、赤、緑を使った旗が国旗に採用された。青は大西洋と重要な水、白は統一と平和、赤は国民と平等社会を建設する決意、緑は農業、金色の太陽は生命と活力、12の光はナミビアの12部族を示している。

中央に国旗と同じデザインを配した盾、上部に首長の頭飾りに乗ったサンショクウミワシ、サポーターに2頭のオリックス、台座にナミブ砂漠と砂漠に生息する緑のウェルウィッチア、底部に英語で "Unity, Liberty, Justice"「統一、自由、正義」の標語リボンを配したもの。

ニジェール共和国

Republic of Niger

面積＝126万7000㎢
人口＝2148万人
首都＝ニアメ

国旗制定日＝1959年11月23日

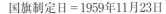

比率＝6：7

国章制定日＝1962年12月1日

19世紀末にフランスの支配下に入り、1960年8月3日独立した。ニジェール川に沿う南部には肥沃な土地があり、北東部には砂漠地帯が続く。国旗の緑が前者、オレンジ色が後者を表し、オレンジの円は太陽、白は純粋さを示している。またオレンジ色は独立、白は平和とニジェール川、緑は発展を表している。

中央に盾、サポーターに4本の国旗、底部に国名リボン、盾の中は太陽を中心に達成を示すトゥアレグ族の剣と槍、農業を示すトウモロコシの穂、酪農を示す水牛の頭を配したもの。

ブルキナファソ

Burkina Faso

面積＝27万3000k㎡
人口＝1919万人
首都＝ワガドゥグー

国旗制定日＝1984年8月4日

比率＝2：3

1897年フランス保護領となり、1904年フランス領西アフリカに編入、58年自治領、60年8月に黒、白、赤の横三色旗の下オートボルタ共和国としてフランスから独立。84年8月4日モシ語で「清廉な国」を意味するブルキナファソに国名変更し、国旗も汎アフリカ色のものに変更した。赤は革命闘争、緑は農業と天然資源、黄は国の富、星は革命を表している。

国章制定日＝1997年8月1日

中央に国旗と同じデザインの盾、背後に国土防衛を示す2本の槍、サポーターに国民の気高さを示す2頭の白馬、上部に国名リボン、下部に教育と自給自足を示す開かれた書物とトウモロコシ、底部にフランス語で "Unite, Progres, Justice"「統一、進歩、正義」の標語リボンを配したもの。

ブルンジ共和国

Republic of Burundi

面積＝2万8000k㎡
人口＝1086万人
首都＝ブジュンブラ

国旗制定日＝1982年9月27日

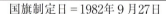

比率＝3：5

国旗の原型は1962年7月1日の独立前に決められ、斜め十字（紋章学でいうサルタイヤー）と中心円の白は平和、赤はベルギーからの独立闘争、緑は将来発展への国民の希望を表す。緑で縁取られた赤い3個の六角星は、66年ブルンジが王国から共和国に変わった時に加えられ、国の標語である「統一、労働、進歩」を示す。国旗の比率は67年に2：3で制定されたが、82年に3：5に変更された。

国章制定日＝1966年11月29日

盾型紋章で、中央に黄色いライオンの頭を描いた赤い盾、背後にブルンジのツチ、フツ、ツワの3民族グループを示す3本の槍、底部にフランス語で "Unite, Travail, Progres"「統一、労働、進歩」の標語リボンを配したもの。

ベナン共和国

Republic of Benin

面積＝11万5000㎢
人口＝1118万人
首都＝ポルトノボ

国旗制定日＝1959年11月16日 国旗復活日＝1990年8月1日	国章制定日＝1964年4月9日 国章復活日＝1990年8月1日

比率＝2：3

1958年フランス共同体内の自治共和国となり、59年汎アフリカ色の国旗が制定され、60年8月1日ダホメー共和国として独立以降もこの国旗が使用された。75年国名がベナン共和国に改称、同時に国旗が変更となった。90年社会主義政権が崩壊し国名に変更はないが国旗は元に戻された。緑は再生への希望、黄は国の富、赤は祖先の勇気を表している。

中央に盾、上部にパンノキの実を入れた豊饒の角、サポーターに2頭の豹、底部にフランス語で "Fraternite, Justice, Travail"「友愛、正義、労働」の標語リボン、盾の中は昔のダホメ王国ソンバ城、星騎士団勲章、ヤシの木、帆船を配したもの。

ボツワナ共和国

Republic of Botswana

面積＝58万2000㎢
人口＝229万人
首都＝ハボローネ

国旗制定日＝1966年9月30日	国章制定日＝1966年9月30日

比率＝2：3

この国は大変乾燥しているため国旗の青は生命の源である水と雨を表し、黒と白の縞は隣国南アフリカ共和国が黒人を差別するアパルトヘイト政策を取っていた頃であるため、黒人と白人の融和を示している。国旗は1966年英国からの独立日に初めて掲揚された。

中央に伝統的な部族の盾、サポーターに象牙とサトウモロコシを持った2頭のシマウマは国旗の黒、白の縞と同じ意味を表す（左記参照）。底部にツワナ語で "Pula"「雨」の標語リボン、盾の中は工業を示す3個の歯車、畜産業を示す水牛の頭、川を表す3本の波線を配したもの。

マダガスカル共和国

Republic of Madagascar

面積＝58万7000㎢
人口＝2557万人
首都＝アンタナナリボ

国旗制定日＝1958年10月21日

比率＝2：3

国章制定年＝1998年

19世紀末フランス植民地となり1960年6月マダガスカル共和国として独立、75年マダガスカル民主共和国に改称、92年再びマダガスカル共和国となった。過去に存在した王国の多くはマレー・ポリネシア人種で白と赤の旗を使っていたが、フランス領となった時にこの二色旗は消滅した。自治国となった1958年に伝統の2色に緑を加えた旗が制定された。白は純粋さ、赤は主権、緑は希望と海岸地方を表す。

印章型国章で、中央に赤いマダガスカル領土、上部に7枚のゴクラクチョウ科タビビトノキの葉と国名、下部に赤いコブ牛と水田と稲穂で囲んだ下にマダガスカル語で "Tanindrazana, Fahafahana, Fandrosoana"「祖国、自由、進歩」の標語リボンを配したもの。

マラウイ共和国

Republic of Malawi

面積＝11万8000㎢
人口＝1862万人
首都＝リロングウェ

国旗制定日＝1964年7月6日
国旗復活日＝2012年5月28日

比率＝2：3

国章制定日＝1964年6月30日

黒、赤、緑の三色縞は英国からの独立闘争を指導したマラウイ会議党が使った色で、黒はアフリカ人、赤は独立に命を捧げた人々の血、緑は豊かな自然、赤い太陽は日の出で全アフリカの自由を表している。2010年7月ムタリカ大統領により独立後の国の発展を示す全円の白い太陽を描いた新国旗が採用されたが、同大統領の急死により2012年旧旗が復活した。

中央に盾、上部に上飾りとサンショクウミワシ、サポーターにライオンと豹、台座はこの国の最高峰ムランエ山を示し、底部に英語で "Unity and Freedom"「統一、自由」の標語リボン、盾の中はマラウイ湖を示す波線、ライオン、英領ニアサランド時代の域章にも使われた太陽を配したもの。

マリ共和国

Republic of Mali

面積＝124万㎢
人口＝1854万人
首都＝バマコ

国旗制定日＝1961年3月1日

比率＝2：3

国章制定日＝1973年10月20日

1959年4月に旧フランス領スーダンはセネガルと統合し、マリ連邦を結成した。その国旗は中央にカナガと呼ばれる黒人像を描いた緑、黄、赤の縦三色旗であった。60年8月セネガルの分離によりマリ連邦は解消、60年9月マリ共和国は単独で独立宣言し、61年人像の崇拝を禁じているイスラム教徒の反対もあってカナガを国旗から取り除いた。緑は肥沃な土地、黄は鉱物資源、赤は独立闘争で流した血を表している。

印章型国章で、太陽の上の2組の弓矢の間にソンガイ帝国ジェンネのモスク、上部にハゲタカ、周りに国名とフランス語で"Un Peuple, Un But, Une Foi"「一つの国民、一つの目標、一つの信念」の標語を配したもの。

南アフリカ共和国

Republic of South Africa

面積＝122万1000㎢
人口＝5672万人
首都＝プレトリア

国旗制定日＝1994年4月27日

比率＝2：3

国章制定日＝2000年4月27日

1994年4月人種差別政策を取ってきた政権が崩壊して新たな政府が樹立され、新しい国旗が制定された。赤、白、青、黒、黄、緑と6色を使った世界でも珍しい多色国旗で、これらの色は過去に南アフリカの旗に使われたものである。それぞれの色に固有の意味は規定されていないが、Y字は多様な南アフリカ社会の統一と過去及び現在の力を結集させることによる国家の前進を表している。

中央の太鼓の中に手を取り合う人物、サポーターには成長を示す小麦の穂のリース、上部に防衛と権威を示す槍と投げ棒、国花プロテア、翼を広げた蛇食い鷲、太陽、底部に知恵と国力を示す4本の象牙にコイサン語で"Ke E Xarra Ke"「皆で団結」の標語を配したもの。

南スーダン共和国

The Republic of South Sudan

面積＝64万㎢
人口＝1258万人
首都＝ジュバ

国旗制定日＝2011年3月22日

比率＝1：2

キリスト教徒の多い南部スーダン10州が長年にわたる内戦の後、2011年7月にスーダン共和国からアフリカ大陸54番目の国家として独立した。国旗の黒は国民、白は独立闘争で勝ち取った自由、赤は自由のために流された血、緑は国土、青はナイル川、黄は国家と国民を導く星を表す。

国章制定日＝2011年6月28日

南スーダンに生息するサンショクウミワシをモチーフにしたもので、洞察力、力強さ、回復力、尊厳を表す。胸には国家防衛を示す槍と勤勉さを示すスコップが交差し、国名と「正義、自由、繁栄」という英語の標語リボンを配したもの。

モザンビーク共和国

Republic of Mozambique

面積＝79万9000㎢
人口＝2967万人
首都＝マプト

国旗制定日＝1983年5月1日

比率＝2：3

1975年6月ポルトガルから独立を達成した時に国旗を制定したが、83年に主要政党であるモザンビーク解放戦線の党旗に似た国旗に変更した。鍬は農民、本は教育、ライフル銃は国土防衛を表している。緑は国土の豊かさ、白は正義と平和、黒はアフリカ大陸、黄は鉱物資源、赤は独立闘争で流された血、星は国民の国際連帯を表している。90年国名をモザンビーク人民共和国からモザンビーク共和国に改称。

国章制定日＝1990年11月30日

中央に教育を示す開いた書物、太陽、戦争から平和への移行を示すライフル銃と鍬、工業化を示す歯車、上部に社会主義の赤い五角星、周りに国名リボンを付けたサトウキビとトウモロコシのリースを配したもの。

モーリシャス共和国

Republic of Mauritius

面積＝2000㎢
人口＝127万人
首都＝ポートルイス

国旗制定日＝1968年3月12日

比率＝2：3

国章制定日＝1906年8月25日

1968年3月12日英領モーリシャス諸島が英国から独立した時に新しい国旗が掲揚されたが、それ以降国旗は変わっていない。赤は独立闘争、青はインド洋、黄は独立により勝ち取った自由の光、緑は亜熱帯気候と農業を表している。これら4色は国章（右記参照）から取られたが、図柄のない横縞四色国旗はモーリシャス共和国の他には見られない。

中央に盾、サポーターにサトウキビを持った水鹿と18世紀に絶滅したドウドウという鳥、底部にラテン語で "Stella Clavisque Maris Indici"「インド洋の星であり鍵」の標語リボン、盾の中はガレー船、3本のヤシの木、標語に出てくる鍵と星を配したもの。植民地時代の域章を独立後も国章として使っているまれなケース。

モーリタニア・イスラム共和国

Islamic Republic of Mauritania

面積＝103万1000㎢
人口＝442万人
首都＝ヌアクショット

国旗初掲揚日＝2017年11月28日

比率＝2：3

国章制定日＝1960年8月3日

モーリタニアは現在まで南部のアフリカ黒人よりも北部のイスラム教徒に支配されてきたため、国旗にもイスラム色が濃く現れている。国旗の地色の緑と星と三日月はイスラム教のシンボルで、緑は明るい未来への希望、黄はサハラ砂漠を表す。2017年8月フランスからの独立闘争の犠牲者を示す2本の赤いストライプを加えることが決定した。

印章型国章で、中央の緑の円の中にイスラム教のシンボルである黄色い星と三日月、国の代表的な植物であるナツメヤシの木とキビの穂、周りにアラビア語とフランス語で国名を配したもの。

モロッコ王国

Kingdom of Morocco

面積＝44万7000㎢
人口＝3574万人
首都＝ラバト

国旗制定日＝1915年11月17日

比率＝2：3

国章制定日＝1957年 8 月14日

19世紀からモロッコでは無地赤旗が使われてきたが、20世紀初頭にフランスの保護領となり、無地赤旗は北アフリカの他の国でも使われていたためそれらと区別する目的で1915年、国旗の中央に古くから幸運の印として建物、衣服などに使われてきた緑の星形の「ソロモンの印章」を加えた国旗を制定した。緑はイスラム教、赤はモロッコのアラウィット王朝を示している。

中央に盾、上部に王冠、サポーターは国王の権威を表す2頭のライオン、底部に「神を助ければ神も汝を助ける」というアラビア語の標語リボン、盾の中は国旗と同じデザインと領土を表すアトラス山脈から昇る太陽を配したもの。

リビア

Libya

面積＝167万6000㎢
人口＝638万人
首都＝トリポリ

国旗制定年＝1951年
国旗復活日＝2011年 2 月27日

比率＝1：2

仮国章制定年＝2015年

2011年リビア国民評議会を中心とする反体制派によりカダフィ政権が崩壊し、1951年〜69年の王政期時代に使われていた国旗が復活した。国旗の赤はフェザン地方、黒はキレナイカ地方、緑はトリポニタニア地方を、白い三日月と五角星はイスラムを表す。これら4色はアラブ解放旗の色である。

2011年8月カダフィ政権が倒れ、1977年に制定された鷹を使った旧国章は廃止されたが、2015年に三日月と星を配したパスポート用仮国章が作成された。正式な国章はまだ決まっていない。

リベリア共和国

Republic of Liberia

面積＝11万1000㎢
人口＝473万人
首都＝モンロビア

国旗制定日＝1847年8月26日

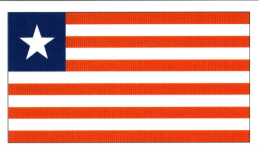

比率＝10：19

国章制定年＝1963年

19世紀初頭米国で黒人奴隷を故郷アフリカに帰す運動が盛んになり、米国植民協会はアフリカに土地を購入し自由の地の意味でLiberiaと名付けた。1847年7月26日にリベリアが独立を宣言した後に国旗が制定された。国旗には独立を表す白い五角星が付けられた。赤、白の11本の縞は独立宣言書に署名した11人を示している。赤は勇気、忍耐、白は純粋さ、青は自由、正義を表している。

盾型紋章で、大西洋に浮かぶ帆船、太陽、ヤシの木、鳩など海岸風景を描いたもの。手前にある鋤は最初の移住者が持ち込んだもので国土開発を表し、帆船は解放奴隷を運んだ船、鳩は独立宣言書をくわえている。底部に国名、上部に英語で "The Love of Liberty Brought Us Here"「自由が我等を導く」の標語が書かれている。

ルワンダ共和国

Republic of Rwanda

面積＝2万6000㎢
人口＝1221万人
首都＝キガリ

国旗制定日＝2001年10月25日

比率＝2：3

国章制定日＝2001年10月25日

2001年12月31日この国の新しい国旗が初めて掲揚され、1994年のフツ族によるツチ族の大量殺戮を思い起こさせる赤を使った以前の国旗に替えられた。青は幸福と平和、黄は労働による経済成長、緑は繁栄への希望、フライ上部の金色の24の光線を持つ太陽は統一、透明性、忍耐を示し国民を啓蒙する光を表している。

円形紋章で中央に籠と歯車、主要産物サトウモロコシとコーヒー、両脇に国家主権の防衛と正義を示す2個の部族盾、上部に太陽とルワンダ語で国名リボン "Repubulika Y,u Rwanda"、底部に "Ubumwe, Umurimo, Gukunda, Igihugu"「統一、労働、祖国、国家」の標語リボン、産業発展を示す緑の輪と結び目を配したもの。

レソト王国

Kingdom of Lesotho

面積＝3万㎢
人口＝223万人
首都＝マセル

国旗制定日＝2006年10月3日

比率＝2：3

国章制定日＝2006年10月4日

1世紀にわたって英国の保護領であったが、1966年10月4日英国から独立した。87年陸軍による政府転覆により国土防衛を示す盾、槍、投げ棒、ダチョウの羽根を描いた国旗が使われてきたが、2006年10月にレソトのシンボルであるレソト帽をつけた三色旗に変更された。新国旗の青は雨、白は平和、緑は繁栄、黒はアフリカ大陸を示している。青、白、緑のそれぞれの横幅比率は3：4：3と真中が太い。

中央にレソトの戦闘用盾、背後にダチョウの羽根、槍、投げ棒、サポーターにポニー、台座にモシュシュ王の建国の地であるターバ・プトソア山、底部にソト語で "Khotso, Pula, Nala"「平和、水、繁栄」の標語リボン、盾の中は英領バストランド域章にも使われた鰐を配したもの。2006年に国章の色を一部修正した。

北アメリカ

アラスカ
[アメリカ合衆国]

グリーンランド
[デンマーク]

カナダ

アメリカ合衆国

ハワイ諸島
[アメリカ合衆国]

メキシコ合衆国

バハマ国

キューバ共和国　ドミニカ共和国

セントクリストファー・ネーヴィス
アンティグア・バーブーダ
ドミニカ国
セントルシア
バルバドス
セントビンセント及びグレナディーン諸島
トリニダード・トバゴ共和国

ハイチ共和国
ベリーズ　ジャマイカ
グアテマラ共和国
ホンジュラス共和国
エルサルバドル共和国　ニカラグア共和国
コスタリカ共和国
パナマ共和国

グレナダ

アメリカ合衆国

United States of America

面積＝983万4000㎢
人口＝3億2446万人
首都＝ワシントンD.C.

国旗制定日＝1960年7月4日

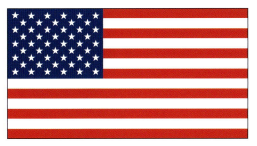

比率＝10：19

1777年6月14日に最初の「星条旗」が制定され、青地に13の白星と赤白の縞（条）で州の数を表した。95年に各15になったが、1818年制定の法律で縞の数は独立当初の13州を記念し13に固定した。1960年7月4日、27回目の変更でハワイが州に昇格し、星は現在と同じ50個となった。青は正義、赤は勇気、白は純粋さを表す。

国章制定日＝1782年6月20日

中央に古代ローマ共和制のシンボルであった白頭の鷲が描かれ、建国時の13州は鷲の胸の縞と矢と頭上の星の数に表されている。鷲がつかんでいる矢は闘争、オリーブの枝は平和を表す。鷲がくわえているリボンにはラテン語で"E Pluribus Unum"「多数より一つへ」の標語が記されている。

アンティグア・バーブーダ

面積＝400k㎡
人口＝10万人
首都＝セントジョンズ

Antigua and Barbuda

国旗制定日＝1967年2月27日

比率＝2：3

この国が自治権を持った1967年に、国旗はデザイン・コンテストで決められた。黒は国民と祖先のアフリカ人、青はカリブ海と希望、白は砂浜、黄色の太陽は新時代の夜明けを表し、赤は国民の活力、赤地が作るVは勝利を意味している。81年11月1日独立したが、その後も国旗として使われている。

国章制定日＝1967年2月16日

中央の盾に砂糖工場の塔と日の出、サポーターにはサトウキビとアロエの木を持つ鹿、盾の上飾りにパイナップルとハイビスカスの花、底部に英語で "Each Endeavouring , All Achieving"「個々の努力による全体の成功」の標語リボンを配したもの。

エルサルバドル共和国

面積＝2万1000k㎡
人口＝638万人
首都＝サンサルバドル

Republic of El Salvador

国旗制定日＝1972年9月27日

比率＝3：5

1821年スペインから独立して中央アメリカ連邦の一部を形成し、38年分離独立、56年エルサルバドル共和国として完全独立した。青、白、青の横三分割旗は、スペインからの独立闘争でアルゼンチンが使っていた旗をモデルにして作られ、青はカリブ海と太平洋、白は二つの海に挟まれた国土、平和、繁栄を表す。1912年中央に国章（右記参照）が描かれ、72年若干の修正が加えられた。

国章制定日＝1972年9月27日

中央に旧中央アメリカ連邦の5ケ国を示す5火山、赤い自由の帽子、光の中に1821年9月15日の独立日、国旗とその下にスペイン語で "Dios, Union, Libertad"「神、統一、自由」の標語リボン、14州を示す14枝の月桂樹のリース、周囲に「中央アメリカ、エルサルバドル共和国」と記されている。

カナダ

Canada

面積＝998万5000㎢
人口＝3662万人
首都＝オタワ

比率＝1：2

1967年に建国100年を迎えるにあたり、フランス系住民の強い意見を入れてカントンにユニオン・フラッグが付いた国旗を廃止し、現在の国旗を1965年に制定した。両側の赤い縦縞は大西洋と太平洋でこの国の位置を示し、中央のカエデは1867年カナダ自治領が成立して以来のこの国の象徴で、赤は第一次大戦で犠牲になったカナダ人の血、白はカナダの雪を表している。

盾にはイングランド・ライオンとスコットランド・ライオン、アイルランド竪琴、フランスのユリの花、カエデ、上方にカエデを持つライオン、サポーターにユニオン・フラッグを掲げたライオンと旧フランス王旗を掲げたユニコーン、底部にラテン語で "A Mari Usque Ad Mare"「海から海へ」の標語リボンが描かれている。

キューバ共和国

Republic of Cuba

面積＝11万㎢
人口＝1149万人
首都＝ハバナ

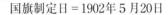

比率＝1：2

1850年に考案されたこの国旗は、米国国旗がモデルと考えられる。青い3本の横縞はスペイン統治下のキューバでの3つの軍管理地区、白は独立運動家の力強い理想、赤は独立闘争で流した血、赤い三角形は平等、自由、友愛、白い五角星は国民の自由を表す。

中央に盾を置き背後に自由を示す赤い帽子と権威を示す束桿、国力を表す樫の枝と名誉と栄光を表す月桂樹の枝のリースが盾を囲んでいる。盾の中にカリブ海とフロリダ、ユカタン半島、その間に地理的重要性を示す金の鍵、国旗の2色、ヤシの木などキューバの景色が描かれている。

グアテマラ共和国

Republic of Guatemala

面積＝10万9000km²
人口＝1691万人
首都＝グアテマラシティ

国旗制定日＝1997年12月26日

比率＝5：8

基本デザインは1871年考案されたが、他の中米諸国と違って青、白、青の縦縞と明るい青を国旗に使い、中央に国章（右記参照）がついている。1821年スペインから独立して23年中央アメリカ連邦を結成、38年連邦は解体し、グアテマラ共和国が成立した。青と白は中央アメリカ連邦の国旗の色で太平洋とカリブ海に挟まれた国の位置を示し、青は太平洋とカリブ海、白は平和と純粋さを表す。

国章制定日＝1997年12月26日

中央には飼育が難しいとされる国鳥ケッツァールが描かれ、自由のシンボルを表す。1821年9月15日の独立宣言書や勝利と栄光を示す月桂樹のリース、防衛を示す剣付き銃、サーベルなども描かれている。1997年に独立宣言書の一部「9月」のスペイン語綴りが "Setiembre" から "Septiembre" に変更された。

グレナダ

Grenada

面積＝300km²
人口＝11万人
首都＝セントジョージズ

国旗制定日＝1974年2月7日

比率＝3：5

1974年2月7日に独立。国旗にはグレナダの7地区を表す7個の黄色い五角星と、勇気と活力を示す赤い縁取りがある。黄は知恵と国民の友情、緑は農業、旗竿寄りのナツメグの実は特産品で、かつてグレナダがスパイス諸島と呼ばれたことを表す。黄色い五角星は希望と理想を示している。

国章制定日＝1973年12月6日

盾の十字の中心にコロンブスの船、赤地のライオンは英国、緑地のユリはキリスト教信仰を表す。サポーターにアルマジロとハト、底部に大エタング湖、"Ever Conscious of God We Aspire, Build and Advance As One People"「神に従い、大志を持って向上に努める国民として前進する」の標語リボンがついている。

コスタリカ共和国

Republic of Costa Rica

面積＝5万1000k㎡
人口＝491万人
首都＝サンホセ

国旗制定日＝1998年5月5日

比率＝3：5

国章制定日＝1998年5月5日

中央アメリカ連邦から1838年分離独立した時は、青と白の国旗を採用していた。48年に正式に独立し、初代大統領夫人の提案で旗の中央に赤縞が加えられた。国旗の旗竿寄りに国章（右記参照）がついている。48年のフランス二月革命を記念して青、白、赤3色横縞の国旗となり、青は空と理想、白は平和と知恵、赤は自由のために流された血と国民の温かさを表している。

金の飾り枠の付いた盾型紋章で、上部に国名リボンがあり、盾の中はカリブ海と太平洋の間にある3つの火山、太陽、帆船を配したもの。1964年まで白い五角星の数は旧中央アメリカ連邦構成国を表す5個であったが、同年州の数を示す7個に変更された。1998年火山が噴火するデザインに変えられた。

ジャマイカ

Jamaica

面積＝1万1000k㎡
人口＝289万人
首都＝キングストン

国旗制定日＝1962年8月6日

比率＝1：2

国章制定日＝1962年8月6日

国旗は「如何なる困難があろうとも島には緑と太陽がある」を意味し、緑は希望と農業、黄は太陽と鉱物資源、黒は国民の大多数を占める黒人と将来の苦難に打ち勝つ意志を象徴する。1962年8月の独立日に公式に初掲揚された。国旗提案旗の一つに旧タンガニーカ（現タンザニア）の国旗と類似の緑、黄、黒の横縞旗があったが、区別するため黄色のX十字が採用された。

中央に特産のパイナップルを描いた十字の盾、サポーターはフルーツ籠と弓矢を持った2人のアラワク・インディオ、上部に鰐、底部に英語で "Out of Many, One People"「多数から一つの国民へ」の標語リボンを配したもの。

セントクリストファー・ネーヴィス

Saint Christopher and Nevis

面積＝300㎢
人口＝6万人
首都＝バセテール

国旗制定日＝1983年9月19日

比率＝2：3

中央斜めの黒はアフリカからの伝統、その両側の黄色の斜線は太陽、緑は肥沃な国土、赤は独立闘争で流された血、2個の白い五角星はセントクリストファー島とネーヴィス島を示し、自由と希望の象徴である。国旗デザイン・コンテストで優勝したものが国旗として採用され、英国から独立した1983年9月19日に初掲揚された。

国章制定日＝1983年9月19日

盾にはカリブ住民とフランスを示すユリの花、英国を示すバラの花、国花のホウオウボク、2島を航行する船、上部に自由を示すたいまつを持った手、底部に英語で"Country Above Self"「個人を超越する国家」の標語リボン、サポーターにサトウキビとヤシの木を持った国鳥のペリカンを配したもの。

セントビンセント及びグレナディーン諸島

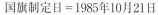

Saint Vincent and the Grenadines

面積＝400㎢
人口＝11万人
首都＝キングスタウン

国旗制定日＝1985年10月21日

比率＝2：3

縦縞の青は空とカリブ海、黄は陽光と明るい国民性、緑は農産物と国民の活力を表す。緑の3個の菱形は国名の頭文字Vを表し、また「アンティル諸島の宝石」と呼ばれることを示す。スイスのデザイナーによって考案され、国旗制定日に公式に初掲揚された。

国章制定日＝1985年10月21日

独立以前から使われている2人の女性を描いた盾型紋章で、1人はオリーブの枝を持って立ち、もう1人は祭壇にひざまずき、平和と正義を示す。盾の上部に綿花の木を置き、底部リボンにもラテン語で"Pax et Justitia"「平和と正義」の標語がある。

セントルシア

Saint Lucia

面積＝500㎢
人口＝18万人
首都＝カストリーズ

国旗制定年＝2002年

比率＝1：2

国章制定日＝1979年2月22日

中央の2つの三角形は海から突き出た2つのピトン火山を表し、希望のシンボルである。青は大西洋とカリブ海、黄は太陽、黒と白は黒人と白人の調和を示す。最初の国旗はデザイン・コンテストで優勝したもので、1967年3月1日に初掲揚されたが、独立時の79年2月22日と2002年に一部修正された。

中央に盾、上部に道標を示すたいまつ、サポーターに国鳥のセントルシアオウム、底部に英語で "The Land, The People, The Light"「国土、国民、光」の標語リボン、盾の中には竹を十字に置き4等分した中に旧宗主国である英国を示すバラの花とフランスを示すユリの花を配したもの。

ドミニカ共和国

Dominican Republic

面積＝4万9000㎢
人口＝1077万人
首都＝サントドミンゴ

国旗制定日＝1849年11月6日
国旗復活日＝1863年9月11日

比率＝2：3

国章制定年＝1919年

1821年スペインから独立、22年ハイチ領となり、44年独立。当初ハイチ国旗に白十字を加えた旗が使われたが、49年11月憲法で規定され、中央に国章（右記参照）を配した。61年再び植民地となってスペインの国旗が使われたが、63年9月元の国旗が復活、65年に独立した。赤は独立闘争で流された血、青は自由、白は平和と尊厳を表す。

中央に盾、サポーターに月桂樹とヤシのリース、上部にスペイン語で "Dios, Patria, Libertad"「神、祖国、自由」の標語リボン、底部に国名リボン、盾の中は第1章が開かれた聖書、束縛からの解放を示す金の十字架、6本の国旗を配したもの。

ドミニカ国

Commonwealth of Dominica

面積＝800㎢
人口＝7万人
首都＝ロゾー

国旗制定日＝1990年11月3日

比率＝1：2

緑は森林、赤は社会主義を表し、円内の10個の星は国内の10地区、鳥は国鳥のミカドボウシインコで、飛躍と大志の実現を表す。黄、黒、白の十字はカトリック教徒が多いこと、またカリブ・インディオ、黒人、欧州人で構成されることを表す。黄はこの国の柑橘類、黒は肥沃な土壌、白は滝と川を意味する。1978年11月3日の独立日に初めて掲揚されたが、後に数回デザインが修正された。

国章制定日＝1961年7月21日

独立以前のものを現在も使い、中央に盾、上部にライオン、サポーターにミカドボウシインコ、底部にラテン語で "Apres Bondie C'est La Ter"「良き神の下、国土を愛す」の標語リボン、盾の中にはヤシの木、蛙、帆船、バナナの木を配したもの。

トリニダード・トバゴ共和国

Republic of Trinidad and Tobago

面積＝5100㎢
人口＝137万人
首都＝ポートオブスペイン

国旗制定日＝1962年6月28日

比率＝3：5

国旗は2本の白い輪郭線を配した赤と黒の斜帯旗。中央斜めの黒は国民統一への努力と天然資源、その両側の白は海と平等、赤は国民の寛容さと太陽のエネルギーを表す。1962年8月31日の英国からの独立日に初めて掲揚された。

国章制定日＝1962年8月9日

石の多い海岸の中央に盾、上方に上飾りとヤシの木。盾には2羽のハチドリ、1498年にここを発見したコロンブスの船団を表す3隻の船、サポーターは左がショウジョウトキ、右が国鳥コクリコ、底部の標語リボンには英語で "Together We Aspire, Together We Achieve"「共に願い、共に達成する」とある。

ニカラグア共和国

Republic of Nicaragua

面積＝13万㎢
人口＝622万人
首都＝マナグア

国旗制定日＝1971年8月27日

比率＝3：5

国章制定日＝1971年8月27日

1821年スペインから独立、23年に中央アメリカ連邦が成立して青、白、青の横三分割旗が制定された。38年に共和国として分離独立し、幾種類かの国旗が使われたが、1908年に昔の三分割旗の中央に国章（右記参照）を加えた国旗が採用され、71年に正式に国旗に制定された。青はカリブ海と太平洋、白は二つの海に挟まれた国土を表す。

三角形は平等、真実、正義を示し、5つの火山は元の中央アメリカ連邦加盟国を表す。上方には自由のシンボル赤い帽子、太陽光線と虹は明るい未来を表す。三角形を取り巻く円周には中央アメリカ、ニカラグア共和国と記されている。

ハイチ共和国

Republic of Haiti

面積＝2万8000㎢
人口＝1098万人
首都＝ポルトープランス

国旗制定年＝1820年
国旗復活日＝1986年2月25日

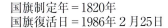

比率＝3：5

国章制定日＝1986年2月25日

1697年フランス領となり、アフリカからの多数の奴隷達の反乱が独立革命に発展、1804年世界初の黒人共和国として独立した。1803年にフランス国旗から白が取り除かれ、青と赤の縦二色旗となった。青はハイチ黒人、赤はムラート即ち白人と黒人の混血を表す。20年に国旗は縦二色旗から横二色旗に変更され、中央に国章（右記参照）が加えられた。

中央にヤシの木、上方に自由の赤い帽子、交差する6本の国旗、2門の大砲、6丁の剣付き銃、2本の錨、2本のラッパ、2丁の斧、軍太鼓、砲丸など戦闘用具一式が描かれ、1791年以来の闘争を経て独立した国情を表す。底部にはフランス語で"L' Union Fait La Force"「団結は力なり」の標語リボンが配されている。

パナマ共和国

Republic of Panama

面積＝7万5000㎢
人口＝410万人
首都＝パナマシティ

比率＝2：3

スペインの植民地を経てコロンビア連邦の一州となり、1903年アメリカの支援を受け独立した。赤と青は2大政党である自由党と保守党、白は両党の協力と平和を表し、青い星は市民の徳、赤い星は市民を守る権威と法律を示す。旗が整然と4等分されているのは両党が協力しながら国を指導していくことを意味する。世界にはパナマ船籍の船が多いため各国の港でこの旗がみられる。

国章制定年＝1925年

中央に盾、上部に国の9州を示す9個の星、スペイン語で "Pro Mundi Beneficio"「世界の利便のために」と書かれた標語リボンをくわえた鷲、両脇に4本の国旗、盾の中には戦争から平和、繁栄への移行を示す武器、ハンマーとスコップ、豊饒の角、進歩を示す翼のついた車輪、パナマ海峡を描いた風景を配したもの。

バハマ国

Commonwealth of The Bahamas

面積＝1万4000㎢
人口＝40万人
首都＝ナッソー

国旗制定日＝1973年7月10日

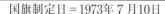

比率＝1：2

1973年7月10日、英国からバハマ連邦として独立した日に制定された国旗は、ユニークな藍緑色が使われている。この色は諸島を囲む美しい海、黄は砂浜と太陽、黒は国民の活力を、三角形は豊かな天然資源を開発する国民の決意を表している。独立を控え国旗デザイン・コンテストが開催されたがどの作品も採用されず、内閣が応募作品をベースに修正決定した。

国章制定日＝1971年12月7日

中央に盾、上部に上飾りと国が海に依存することを示す巻貝、サポーターにマカジキと国鳥のフラミンゴ、底部に英語で "Forward, Upward, Onward, Together"「共に前、上、先へ」の標語リボン、盾の中は太陽とバハマを発見したコロンブスのサンタマリア号を配したもの。

バルバドス

Barbados

面積＝400㎢
人口＝29万人
首都＝ブリッジタウン

| 国旗制定日＝1966年11月30日 | 国章制定日＝1965年12月21日 |

比率＝2：3

英国からの独立日に制定された国旗は、デザイン・コンテストで優勝した作品で、青はカリブ海と大空、黄は砂浜を表す。黒い三叉鉾は海神ネプチューンのシンボルで、国民の生活が海と密接な関係にあることを示す。三叉鉾は国の3原則すなわち「国民による、国民と共に、国民のために」を表し、鉾の柄を描かないのは植民地からの決別を表している。

中央に盾、上部に上飾り、独立日が聖アンドリュース祝日のため、それを記念するアンドリュース十字に組んだサトウキビを握る手、サポーターにシイラとペリカン、底部に英語で"Pride and Industry"「誇りと勤勉」の標語リボン、盾の中はオオゴチョウの花と国名起源であるヒゲイチジクの木を配したもの。

ベリーズ

Belize

面積＝2万3000㎢
人口＝38万人
首都＝ベルモパン

| 国旗制定日＝1981年9月21日 | 国章制定日＝1981年9月21日 |

比率＝2：3

中央にある国章（右記参照）を付けた青旗は人民統一党旗であったが、1981年9月21日の独立に際し、連合民主党を表す赤が旗の上下に加えられた。青は隣国グアテマラ、メキシコとの友情、赤は国土と独立を死守する決意を表している。国章の周囲の50枚の月桂樹の葉は、英国からの独立運動が1950年に始まったことを示す。

国家経済を支える木材業を表す国章のモデルは1819年に作られた。中央に盾、背後に大きなマホガニーの木、両脇に櫂と斧を持った2人の男性、盾の中は帆船と、底部にラテン語で"Sub Umbra Floreo"「木陰の下で栄える」という標語リボンがある。

ホンジュラス共和国

Republic of Honduras

面積＝11万2000㎢
人口＝927万人
首都＝テグシガルパ

国旗制定日＝1949年1月18日

比率＝1：2

国章制定日＝1935年1月10日

1821年スペインから独立して中央アメリカ連邦の一部となったが38年独立し、連邦の横三分割旗をモデルとした国旗が66年に制定された。中央には旧連邦構成国のホンジュラス（中央）、グアテマラ（左上）、ニカラグア（右上）、コスタリカ（右下）、エルサルバドル（左下）を表す5個の青い五角星が加えられた。青は太平洋とカリブ海、白は平和と繁栄を表す。1949年に星の位置が修正された。

中央にスペイン語で国名と "Libre, Soberana, Independiente"「自由、主権、独立」、1821年9月15日と記した楕円形帯、内部に平等、正義を示すピラミッド、主権を示す2つの塔、太平洋と大西洋を表す海、上部に矢、両脇に豊饒の角、底部にハンマー、鉱山口、松と樫の木を配している。

メキシコ合衆国

United Mexican States

面積＝196万4000㎢
人口＝1億2916万人
首都＝メキシコシティ

国旗制定日＝1968年9月16日

比率＝4：7

国章制定日＝1968年9月16日

300年にわたるスペイン支配を経て、メキシコは1821年に独立した。緑は独立、白は信仰、赤は統一を表し、独立時に掲げた「3つの保証」を意味していたが、今では国民の希望、統一と純粋さ、愛国者の血を示している。メキシコは独立後、王国、帝国、共和国と政体を変え、三色旗の中央に描かれた国章（右記参照）のデザインは政権交代によって頻繁に変更された。

湖の中の岩山に生えたサボテンに立ち、蛇をくわえた鷲は古代アステカのシンボルで、1325年の首都テノチティトラン（現メキシコシティ）建設の伝説を示す。鷲の下半分を力を示す樫の枝と勝利を示す月桂樹の枝のリースで囲み国旗の3色リボンで結んでいる。

南アメリカ

ベネズエラ・ボリバル共和国
ガイアナ共和国
スリナム共和国
（フランス領ギアナ）
コロンビア共和国
赤道
エクアドル共和国
ペルー共和国
ブラジル連邦共和国
ボリビア多民族国
パラグアイ共和国
チリ共和国
ウルグアイ東方共和国
アルゼンチン共和国

アルゼンチン共和国

Argentine Republic

面積＝278万k㎡
人口＝4427万人
首都＝ブエノスアイレス

国旗制定年＝1862年	国章制定日＝1944年4月24日

比率＝9：14

1812年青、白、青の横三分割旗はメヌエル・ベルグラノ将軍によって考案され、青は大空と国土、白はラプラタ川と純粋な国民気質を表している。16年スペインから独立し、62年横三分割旗の中央に太陽がつけられて国旗に制定された。この太陽は独立運動が起こった1810年5月25日、ブエノスアイレスの空に出た「5月の太陽」と呼ばれ、自由のシンボルとなっている。

国旗と同じ青、白の楕円形盾、その上部に独立のシンボルである5月の太陽、周りに勝利を示す月桂樹の枝のリースを青と白のリボンで結び、盾の中に同胞愛と団結を示す2本の手、自由を示す赤い帽子を棒にかけて配したもの。

ウルグアイ東方共和国

面積＝17万4000km²
人口＝346万人
首都＝モンテビデオ

Oriental Republic of Uruguay

国旗制定日＝1830年7月11日

比率＝2：3

国章制定日＝1908年10月26日

16世紀以来スペイン、ポルトガルの進出と占拠を受けたが、1828年独立した。この地域では青は自由、白は平和を象徴して青、白、青の旗が使われ、9本の縞は独立に参加した9州を、カントンに描かれた太陽は独立のシンボルを表す。この国旗はウルグアイの独立を支援してブラジルと戦ったアルゼンチンの国旗によく似ており、米国国旗の影響も強く受けたと見受けられる。

盾の上に独立のシンボルを表す太陽、盾の中は正義を示す天秤、力を示すモンテビデオの丘、自由を示す馬、富を示す牛を配し、国の色のリボンで月桂樹とオリーブの枝のリースを結んでいる。

エクアドル共和国

面積＝25万7000km²
人口＝1663万人
首都＝キト

Republic of Ecuador

国旗制定日＝2009年8月22日

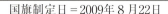

比率＝2：3

国章制定日＝1900年12月5日

1822年独立宣言し、隣のコロンビア、ベネズエラが形成していた連邦共和国に合併、30年分離独立した。黄、青、赤の横三色旗は19世紀初頭から使用されており、中央に国章（右記参照）を配した国旗は1900年に制定された。黄は国土の豊かさ、青は空、海、赤は独立闘争で流された血を表す。この国旗は独立闘争の英雄2人の旗をモデルにしている。2009年に国旗比率が1：2から2：3に変えられた。

楕円形の盾の中に蒸気船が浮かぶ海、緑の岸辺、後方にはチンボラソ火山や、1845年革命の4ケ月を表す星座の印がアーチ状に描かれ、中央に自由の太陽、上方にアンデス・コンドル、盾の下には共和制のシンボルである束桿斧、また盾の周囲には4本の国旗を配している。

ガイアナ共和国

Republic of Guyana

面積＝21万5000㎢
人口＝78万人
首都＝ジョージタウン

| 国旗制定日＝1966年5月26日 | 国章制定日＝1966年1月21日 |

比率＝3：5

1960年に米国の旗章学権威であるホィットニー・スミスが提案した国旗が若干修正され、66年5月26日の独立日に国旗として制定された。汎アフリカ色（緑、赤、黄）と矢を使い「ゴールデン・アロー旗」と呼ばれる。緑は森林と農業、白はガイアナの多くの川と水資源、黒は国民の忍耐力、赤は国家建設への熱意、金の矢は国の輝かしい未来と鉱物資源を表している。

盾中央の3本の波は国名「水の土地」に由来し、上にオオオニバス、下にツバメケイが描かれ、サポーターのジャガーはつるはしとサトウキビの茎を持ち、盾の上飾りはインディオ酋長の冠、底部に英語で "One People, One Nation, One Destiny"「国民、国家、運命共に一つ」の標語リボンを配したもの。

コロンビア共和国

Republic of Colombia

面積＝114万2000㎢
人口＝4907万人
首都＝ボゴタ

| 国旗制定年＝1863年 | 国章制定日＝1955年8月6日 |

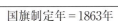

比率＝2：3

1819年にベネズエラと連邦共和国を形成、22年にはエクアドルも合併したが、30年分離して独立。63年コロンビア合州国となった時に国旗が制定され、86年コロンビア共和国となった。この横三色旗は独立闘争の英雄2人の旗をモデルにしており、黄は新大陸の金、青は太平洋とカリブ海、赤は独立戦争で流した血を示す。旗が大統領、海軍、商船に使われる場合は中央に特別な徽章が加えられる。

盾の上段は豊饒の角とスペイン・グラナダのシンボルであるザクロ、中段は自由を示す赤い帽子、下段は太平洋と大西洋に挟まれたパナマ地峡、盾の上は月桂樹の葉をくわえたコンドル、その足元の標語リボンはスペイン語で "Libertad Y Orden"「自由と秩序」、両脇に国旗が配してある。

スリナム共和国

Republic of Suriname

面積＝16万4000㎢
人口＝56万人
首都＝パラマリボ

国旗制定日＝1975年11月25日

比率＝2：3

国章制定日＝1975年11月25日

1975年11月25日にオランダ領ギアナが独立してスリナム共和国となった。国旗はデザイン・コンテストで緑、白、赤の横縞旗が選ばれ、緑は豊かな国土、白は自由と正義、赤は新国家の進取の精神を表し、3色はこの国の3つの政党を示す。黄色い五角星は国民の犠牲に基づく国の統一と輝ける未来を表し、5つの角は国を構成する欧州人、黒人、クリオール人、中国人、インディオを示す。

盾の中央に星の入ったダイヤモンド、左に帆船、右にヤシの木が描かれ、それぞれ国の鉱業、商業、農業を表す。サポーターは2人のインディオで、底部にラテン語で "Justitia, Pietas, Fides"「正義、信仰、忠誠」の標語リボンを配したもの。

チリ共和国

Republic of Chile

面積＝75万6000㎢
人口＝1806万人
首都＝サンティアゴ

国旗制定日＝1912年1月11日

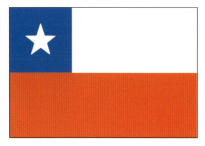

比率＝2：3

国章制定日＝1834年6月24日

19世紀初めに独立派が身につけた徽章の赤、白、青を使い、米国国旗をモデルにして、1818年に独立後国旗が制定され、1912年に今の形に修正された。赤は独立のために流された血、白はアンデス山脈の雪、青は大空を表す。白星は国の進歩と名誉を導くことを示し、5つの光は独立当初の5州を表している。

盾にアンデスの雪を示す白星、国民の血と空を示す赤と青、盾の上は3本のアメリカ駝鳥の羽根、サポーターはチリジカとコンドルが支え、底部にスペイン語で "Por La Razon O La Fuerza"「道理さもなくば力により」という標語リボンを配したもの。

パラグアイ共和国

Republic of Paraguay

面積＝40万7000㎢
人口＝681万人
首都＝アスンシオン

国旗制定日＝2013年7月15日

国章制定日＝2013年7月15日
国庫証印制定日＝2013年7月15日

比率＝3：5

表　　　　　　　　裏

1811年5月スペインから独立したパラグアイの国旗はユニークで、表と裏のデザインが異なる。30年にホセ・ロドリゲス最高司令官によってフランス国旗の赤、白、青が選ばれ、横三色旗となった。赤は勇気、祖国愛、白は平和、団結、青は寛大さ、自由を表している。国旗中央の表には国章、裏には国庫証印（ともに右記参照）が42年につけられた。2013年国旗が修正された。

表　中心の独立を象徴する星を、勝利と平和を表すヤシの葉とオリーブの枝のリースで囲み、周りに国名を入れた白い輪を配した印章型国章。裏　旗尾を向いたライオン、自由の赤い帽子、その上にスペイン語で "Paz Y Justicia"「平和と正義」という標語リボンを配した国庫証印。2013年国章と国庫証印は一部修正された。

ブラジル連邦共和国

Federative Republic of Brazil

面積＝851万6000㎢
人口＝2億929万人
首都＝ブラジリア

国旗制定日＝1992年5月11日

国章制定日＝1992年5月11日

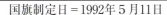

比率＝7：10

1500年以来ポルトガルの植民地であったが、1822年ブラジル帝国として独立、89年11月15日共和制となった。緑は豊かな森林資源、黄の菱形は鉱物資源を表し、中央に革命の日の朝のリオデジャネイロの空を外側から見た青い天球を描き、ポルトガル語で国の標語 "Ordem e Progresso"「秩序と進歩」を入れた白い帯が描かれている。

中央円内の5個の星は南十字星、周囲の27個の星は現在のブラジルの27州を示す。剣の柄の星は連邦制を表し、大きな星の背後に特産品のコーヒーとタバコの枝を組み合わせたリース、底部のリボンには国名と1889年11月15日の共和制移行日が記されている。

ベネズエラ・ボリバル共和国

Bolivarian Republic of Venezuela

面積＝91万2000㎢
人口＝3198万人
首都＝カラカス

国旗制定日＝2006年3月7日

比率＝2：3

黄は国の豊かさ、赤は独立闘争で流された血、青は勇気とスペインと新大陸を隔てる大西洋を表す。2006年3月ベネズエラを社会主義国家に導くチャベス大統領により新国旗と新国章が制定された。国旗は「ボリバル革命」を示す星を加え州数を表す白い5角星が8個になり、カントンに付けられる国章も馬の向きを左向きにし、先住民、アフリカ人、農民を示す弓矢、鉈、フルーツが加えられた。

国章制定日＝2006年3月7日

盾には団結を示す麦束、独立を示すサーベルと国旗、自由を表す白馬、両側には月桂樹とヤシの枝のリースが国旗の色のリボンで結ばれ、リボンには「1810年4月19日独立」「1859年2月10日連邦」とあり、盾の上部には富を示す豊饒の角を配したもの。

ペルー共和国

Republic of Peru

面積＝128万5000㎢
人口＝3217万人
首都＝リマ

国旗制定日＝1825年2月25日

比率＝2：3

1821年スペインから独立し、22年に制定されたペルー国旗は中央に紋章（右記参照）を描いた赤、白、赤の横三分割旗であったが、23年縦三分割旗に変更し、さらに25年現在の国旗を制定した。赤は勇気と愛国心、白は平和を表す。独立戦争の最中、ホセ・サンマルチン将軍が幸運の印とされる多くのフラミンゴが空を飛ぶのを見て赤と白の旗を作ったといわれている。

国章制定日＝1825年2月25日

国旗中央の紋章には赤いリボンで結ばれた勝利と栄光を示す樫の枝のリースに囲まれた盾の中に、国の3つの資源であるビクーニャ、キナの木、金貨あふれる豊饒の角が描かれているが、国章はここから盾の周りの月桂樹とヤシの枝のリースを除き、4本の国旗に替えたもの。

ボリビア多民族国

The Plurinational State of Bolivia

面積＝109万9000k㎡
人口＝1105万人
首都＝ラパス

国旗使用開始日＝1961年11月10日

比率＝2：3

国章使用開始日＝1961年11月10日

最初の国旗は独立直後の1825年8月17日に制定されたが1年後に変更され、さらに51年11月5日に現在の赤、黄、緑の基本デザインが確立された。赤は勇気と独立闘争で流した血、黄は豊富な鉱物資源、緑は肥沃な国土を表し、中央に国章（右記参照）がつけられている。赤と黄はコロンビアと共にペルーをスペインから独立させようと戦ったシモン・ボリバルの旗に由来する。2009年3月ボリビア共和国から現在の国名に改称した。

盾にポトシ銀山、アルパカ、パンの木、日の出、麦束、盾下側の10個の星は9県とチリに割譲したリトラル県を表す。盾の周りは6本の国旗、国鳥のコンドル、背後の左は月桂樹、右はオリーブ、2門の大砲、4丁の剣付き銃、左側に自由の帽子、右にインディオの斧などに囲まれている。

オセアニア

パラオ共和国
マーシャル諸島共和国
ミクロネシア連邦
赤道
ナウル共和国
キリバス共和国
パプア
ニューギニア
独立国
ソロモン諸島
ツバル
サモア独立国
バヌアツ共和国
クック諸島
オーストラリア連邦
フィジー共和国
トンガ王国
ニウエ
ニュージーランド

オーストラリア連邦

Australia

面積＝769万2000㎢
人口＝2445万人
首都＝キャンベラ

国旗制定日＝1954年 4 月14日	国章制定日＝1912年 9 月19日

比率＝1：2

1901年1月1日6つの英国植民地が集まりオーストラリア連邦を結成した。同年デザイン・コンテストで国旗の原型が決まり、08年修正された。大きな七角星は「連邦の星」と呼ばれて、6州と1準州を表す。フライの4個の七角星と1個の五角星で南十字星を表し、この国が南半球に位置することを示す。カントンのユニオン・フラッグは、英国とオーストラリアの歴史的、政治的な関係を表している。

盾の中に6州のシンボルを入れ、上部に連邦の星、下部に国名リボン、背後に国花のワトル、左右に盾を支えるカンガルーとエミューを配したもの。*6州のシンボルは①十字に星②冠に星③マルタ十字④翼を広げたモズ⑤黒鳥⑥赤ライオンである。

6州はそれぞれ①ニューサウスウェールズ②ビクトリア③クイーンズランド④南オーストラリア⑤西オーストラリア⑥タスマニア。

キリバス共和国

Republic of Kiribati

面積＝700km²
人口＝12万人
首都＝タラワ

国旗制定日＝1979年7月12日

比率＝1：2

国章制定日＝1979年7月12日

1975年ギルバート諸島が英領ギルバート・エリス諸島から分離、79年独立し、国名を現地語のキリバスに変更した。国旗は1937年に英国政府から授与された植民地時代の域章をもとに作られた。波型の青は太平洋、3本の白線はこの国を構成する3地区を、黄色い鳥はキリバスに生息する軍艦鳥で力強さと美しさを、黄色い太陽と赤い地色は熱帯の海に朝日が昇る様子を表す。

国旗と同じ軍艦鳥、太陽、太平洋を配した盾型紋章で、底部にキリバス語で "Te Mauri Te Raoi Ao Te Tabomoa"「健全、平和、繁栄」という標語が記されている。

クック諸島

Cook Islands

面積＝200km²
人口＝2万人
首都＝アバルア

域旗制定日＝1979年8月4日

比率＝1：2

域章制定年＝1979年

1888年英国保護領、1901年ニュージーランド領となり、1965年から外交、防衛以外の広範な自治権を有する。15個の白い五角星をフライに描き、カントンに英国国旗を付けた英国青色船舶旗。青は太平洋とニュージーランド及び英国との関係を、白は平和と愛情を表している。15個の星は国を構成する主要15島を示し、これらの星が同じ大きさで輪になっている形は、平等と統一を表している。

15個の白い五角星を輪に並べた青い盾、サポーターは十字架を持った海燕と櫂を持った飛魚、盾の上に首長が被る赤い羽毛で出来た冠、底部に真珠とヤシの葉、域名リボンを配したもの。2011年3月日本国政府はクック諸島を独立国家として承認した。

サモア独立国

Independent State of Samoa

面積＝2800k㎡
人口＝20万人
首都＝アピア

国旗制定日＝1949年2月24日

比率＝1：2

1962年1月1日独立した西サモアの国旗は、かつてこの国を統治していた英国及びニュージーランドの国旗の3色（青、赤、白）を元にして作られた。97年7月に国名を西サモアからサモア独立国に変更した後も国旗は変わっていない。青は自由、赤は勇気、白は純粋さを表し、カントンの5個の五角星は南十字星で、この国が南半球に位置することを示す。

国章制定日＝1962年1月1日

南十字星を盾の中央に置き、その上にヤシの木、盾の上には十字架、周りにはオリーブの枝のリース、サモア語で "Fa Avaei le Atua Samoa"「神がサモアにあらんことを」の標語リボンを配したもの。

ソロモン諸島

Solomon Islands

面積＝2万9000k㎡
人口＝61万人
首都＝ホニアラ

国旗制定日＝1977年11月18日

比率＝1：2

5個の白い五角星はこの国の5つの行政地区を表し、青は空と海、緑は肥沃な土地、青と緑の2つの三角形を分ける黄色の斜め縞は太陽を示している。この旗は議会で討議を重ねた結果採用され、1978年7月7日ソロモン諸島が独立した後も国旗として使われている。

国章制定日＝1978年7月7日

サポーターは鰐と鮫で、盾の中に軍艦鳥、鷲、亀、弓矢、槍、盾、上飾りに太陽とカヌー、底部に図案化された軍艦鳥と英語で "To Lead Is To Serve"「導き奉仕せよ」の標語リボンを配したもの。

ツバル

Tuvalu

面積＝30㎢
人口＝1万人
首都＝フナフティ

国旗制定日＝1978年10月1日
国旗復活日＝1997年4月11日

国章制定日＝1976年12月3日

比率＝1：2

1975年にエリス諸島が英領ギルバート・エリス諸島から分離、78年独立し、ツバルと改称した。ツバルとはポリネシア語で8つを意味するが、フライにはこの国の島数を示す9つの黄色い五角星が描かれている。カントンのユニオン・フラッグは英国との政治的、歴史的な関係を示す。95～97年の間はユニオン・フラッグのつかない国旗を使用していたが、97年の政権交代により旧国旗が復活した。

中央にマニアパと呼ばれる集会場を描いた盾で、その縁取りの中に国の豊饒を示すバナナの葉とホラ貝を、それぞれ国名に由来して8つずつ配し、底部にはツバル語で "Tuvalu Mo Te Atua"「神のためのツバル」という標語リボンがついている。

トンガ王国

Kingdom of Tonga

面積＝700㎢
人口＝11万人
首都＝ヌクアロファ

国旗制定日＝1875年11月4日

国章制定年＝1875年

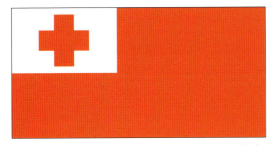

比率＝1：2

1866年国王ジョージ・ツポウー世は、白いカントンに赤十字を描いた赤旗を国旗として採択した。赤はキリストの血、白は平和と偏りのない心を表している。75年の新憲法で国旗として正式に制定され、国旗のデザインは決して変更しないことが定められている。1900年から70年間英国の支配を受け70年独立したが、その間もこの国旗を保持し続けた。

上部に王冠と司法権威を示す月桂樹の枝のリース、3群島を示す星、王冠、キリスト教を示す鳩、王家を表す3本の剣、キリスト教を意味する十字を描いた六角星と十字のペナントを配したもの。底部にはトンガ語で "Koe Otua Mo Tonga Ko Hoku Tofi, a"「神とトンガは我が財産」の標語が記されている。

ナウル共和国

Republic of Nauru

面積＝20㎢
人口＝1万人
首都＝ヤレン

比率＝1：2

第二次大戦後ナウルは英国、オーストラリア、ニュージーランド3国の国連信託統治領となり、1968年独立した。国旗は国の地理的位置を表し、白星は国土、12の光は12の部族を示し、青は太平洋、黄色の縞は赤道を、白星が旗竿寄り黄色の縞の下にあるのは、ナウルが日付変更線の西、赤道のわずか南に位置することを示す。

盾の中に特産物「燐」の錬金術での記号、軍艦鳥、カロフィルムの花、上にナウル語の国名と12の光、盾の両側に酋長が儀式でつける軍艦鳥の羽根、鮫の歯、紐で作った飾りを配したもの。底部に英語で "God's Will First"「神のご意志を先に」の標語リボンがついている。

ニウエ

Niue

面積＝300㎢
人口＝2000人
首都＝アロフィ

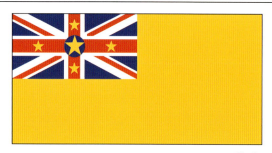

比率＝1：2

ニウエは軍事・外交をニュージーランドに委任し自由連合関係を結んでいる。2015年日本政府はニウエを国家承認した。黄はニウエを照らす明るい太陽とニウエ国民がニュージーランド国民に抱く温かい気持ちを表す。4個の五角星は南十字星と1901年から続くニュージーランドとの友好関係、青い円に入った大きな五角星はニウエの自治を表す。

円型印章で、中に南十字星、麦束、羊、ハンマー、船を描いたニュージーランドの国章、まわりに英語国名とニウエ公式印章と記したもの。

ニュージーランド

New Zealand

面積＝26万8000㎢
人口＝471万人
首都＝ウェリントン

国旗制定日＝1902年6月12日

比率＝1：2

国章制定日＝1957年7月11日

南半球の国々では国旗に南十字星を入れることが多いが、この国では南半球で最も早く、1869年に青地の旗に南十字星を採用した。カントンに他の植民地同様ユニオン・フラッグを付け、フライに白い縁取りの4個の赤い五角星を描いている。ニュージーランドでは南十字星は赤く輝いて見えると言われる。ユニオン・フラッグは英国との長年の関係を示している。

盾にはニュージーランドを表す南十字星、農業を示す麦束と羊、鉱業を示すハンマー、国にとって重要な交易を示す3隻のガレー船、サポーターにシダを踏み英国移民を表す旗を持つ女性と、現地住民を表す槍を持ったマオリ酋長、盾の上には英国国王冠を配したもの。

バヌアツ共和国

Republic of Vanuatu

面積＝1万2000㎢
人口＝28万人
首都＝ポートビラ

国旗制定日＝1980年2月18日

比率＝3：5

国章制定日＝1980年2月19日

1906年以降英仏共同の統治下におかれたが、80年7月30日独立。旗竿寄りにある黄色の曲がった豚の牙は、古くからの宗教上の飾りで力と富を象徴する。その中の2枚のナメレというシダは新生国家と憲法を表し、39の刻みは議会の議員数を示す。黒は国民のメラネシア人、赤は生贄の豚の血、緑は国土の豊かさ、黄色は太陽とキリスト教を表す。黄色のY字は諸島の形を示している。

バヌアツの火山、国旗と同じ豚の牙とシダを背景に槍を持った戦士を描き、底部にビシュラマ語で"Long God Yumistanap"「神と共に立つ」の標語が入った黄色いリボンを配したもの。

パプアニューギニア独立国

Independent State of Papua New Guinea

面積=46万3000㎢
人口=825万人
首都=ポートモレスビー

国旗制定日＝1971年3月12日

比率＝3：4

国旗は1971年のデザイン・コンテストで女子学生のものが選ばれた。赤と黒はこの国で服や美術品によく用いられる伝統色である。黄色の極楽鳥はこの国固有の鳥で自由、統合と飛躍を表し、白い南十字星は南半球に位置することとオーストラリアとの関係を示す。75年9月16日に独立した後も国旗として使用されている。

国章制定日＝1971年3月12日

パプアニューギニア特産の翼を広げた極楽鳥、その下に伝統的な槍とクンドゥと呼ばれる儀式用太鼓、国名を配したもの。

パラオ共和国

Republic of Palau

面積=500㎢
人口=2万人
首都=マルキョク

国旗制定日＝1981年1月1日

比率＝5：8

1980年までは米国太平洋信託統治領であったが、81年自治政府が樹立され国旗が制定された。新国旗は1000以上の応募作品から選ばれ、青は太平洋と独立、旗竿寄りに描かれた黄色の円は満月で、パラオが主権国家となったことを表す。この旗は月章旗と呼ばれる。

国章制定日＝1981年1月1日

印章型国章で、中に自治政府が樹立された年号1981年をローマ数字による表記で示し、外壁にパラオの戦や神話を描いたバイと呼ばれる集会所、公式証印と書いた旗、外側に国名を記したもの。

フィジー共和国

Republic of Fiji

面積＝1万8000㎢
人口＝91万人
首都＝スバ

国旗制定日＝1970年10月10日	国章制定日＝1908年7月4日

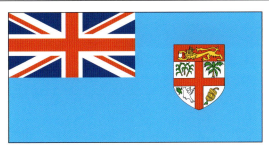

比率＝1：2

1970年の独立に際し、英国の植民地時代のカントンにユニオン・フラッグが付き、フライに域章を描いた英国青色船舶旗を修正し、国旗に制定した。地色はオーストラリアとニュージーランドの国旗に使われた濃い青から明るい青へ変更し、フライには国章（右記参照）の盾の部分のみを描いた。87年フィジー共和国、98年フィジー諸島共和国となった。2009年4月国名を再びフィジー共和国に改称した。

盾にはココアの実をもつライオン、サトウキビ、ココヤシの木、オリーブの小枝をくわえた鳩、バナナの房が描かれ、上飾りはカヌー、サポーターは2人の男性と女性、底部にはフィジー語で "Rerevaka na Kalou ka doka na Tui"「神を畏れ王を敬う」という標語リボンを配したもの。

マーシャル諸島共和国

Republic of the Marshall Islands

面積＝200㎢
人口＝5万人
首都＝マジュロ

国旗制定日＝1979年5月1日	国章制定年＝1979年

比率＝10：19

初代大統領夫人によって考案され、青は太平洋、白は平和、オレンジ色は勇気、2本の縞はラタック列島とラリック列島を示す。オレンジ色の縞の上にある白星はこの国が赤道のわずか北に位置すること、白星の24の光は自治体の数、また4本の長い光は十字をかたどり、キリスト教信者が多いことを示す。1986年10月21日独立し、その後も国旗として使用されている。

鎖で囲まれた印章型国章で、中に国旗と同じ24の光を放つ星、中央に翼を広げた平和の天使、オオジャコ貝で作られた打ち棒、カヌー、ヤシの葉、魚取りの網を配し、外側の輪に英語で国名と、マーシャル語で "Jepilpilin Ke Ejukaan"「共に努力し遂行する」という標語がついている。

ミクロネシア連邦

Federated States of Micronesia

面積＝700㎢
人口＝11万人
首都＝パリキール

国旗使用開始日＝1986年11月3日

比率＝10：19

1962年10月24日の国連記念日に採択された域旗は、地区の数を表す6個の五角星を円形に配置した青旗であった。太平洋信託統治領から分離した78年に、白星は主要4島を示す4個に変えられ、これらを結ぶと十字になり、南十字星とキリスト教を示している。青は太平洋と自由、白は平和を表す。86年11月3日独立した際に国旗の色を国連旗より濃い青に変更した。

国章制定日＝1979年5月10日

印章型国章で、中に主要4島を示す4個の五角星、海に浮かぶ葉を出したココナッツの実、憲法発布年号である1979年、英語で"Peace Unity Liberty"「平和、統一、自由」という標語リボン、外の輪にミクロネシア連邦政府と記されている。

国際オリンピック委員会加盟地域

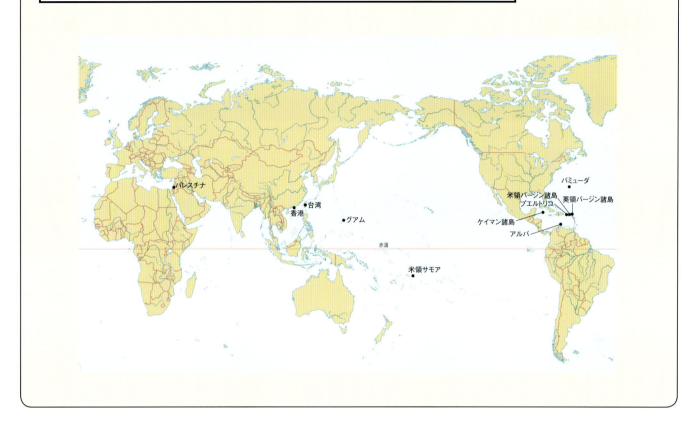

バミューダ
米領バージン諸島　英領バージン諸島
プエルトリコ
ケイマン諸島
アルバ
パレスチナ
台湾
香港
グアム
赤道
米領サモア

アルバ

Aruba

面積＝180k㎡
人口＝11万人
主都＝オラニェスタット

域旗制定日＝1976年3月18日	域章制定日＝1955年11月15日

比率＝2：3

1986年、内政自治権を持つ単独の自治領としてオランダ領アンティルから分離した。青は国連旗の色で、平和で国際的な国を望む国民の願いとカリブ海、赤はアルバの赤い土、白は海岸の砂浜、四角星はオランダ語、スペイン語、英語、パピアメント語という主要4言語を表している。また、羅針盤に似た星は東西南北さまざまなところから人々が到来した事実と、その人々の団結と力強さを示している。黄の横縞は太陽と鉱物資源を表している。

信仰と信頼を示す十字に仕切られた盾で、中には繁栄を示す黄色いアロエの木、海に浮かぶアルバ島とホーベルグの丘、友情を示す握手する2人の手、海産業を示す舵輪、上部に力と寛大さを表す赤いライオンを配したもの。月桂樹は平和を表す。

英領バージン諸島

British Virgin Islands

面積＝151㎢
人口＝3万人
主都＝ロードタウン

比率＝1：2

カリブ海、小アンティル諸島北部に位置する英領諸島。トルトラ島を主島とする約50島から構成される。1666年英領となり、1956年7月1日までは英領リーワード諸島の一部として統治されていたが、この年から別個の海外領土となった。すぐ西の米領バージン諸島と経済的には相互依存の関係にある。域旗はフライに域章（右記参照）を描き、カントンに英国国旗を付けた英国青色船舶旗。

5世紀にケルンでローマ人による迫害によって1万1000人のキリスト教徒と共に殺された殉教者聖女ウルスラの祝祭日にバージン諸島が発見された由来を示す白い服を着て金の燭台を持った女性と11個の燭台が、緑の盾に描かれている。12個の燭台は主要12島を表している。盾の下にはラテン語で "Vigilate"「慎重にあれ」と標語が記されている。

グアム

Guam

面積＝549㎢
人口＝16万人
主都＝ハガッニャ

比率＝22：41

1917年米国海軍将校夫人、ヘレン・ポールにより考案され、1948年に域旗に制定された。赤は島民の流した血、青はグアムの統一を表している。域章の楕円形はチャモロ人が玄武岩や珊瑚を切り出して使った投石弾をかたどっている。その中に「恋人岬」を望むグアムの風景が描かれている。ハガッニャ川は島の資源を共有する意志を、台風の後に残った1本のココヤシの木は困難を克服する島民の持久力を象徴している。

域旗と同じグアムの風景を描いた楕円形印章型域章で外側の赤い縁の中に英語とチャモロ語でそれぞれ「チャモロ人の故郷、グアムの印章」と記してある。標語は英語とチャモロ語で "Great Seal of Guam" "Tano I Man Chamorro"。

ケイマン諸島

Cayman Islands

面積＝264㎢
人口＝6万人
主都＝ジョージタウン

域旗制定日＝1999年1月25日

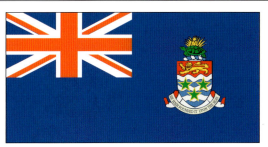

比率＝1：2

域章制定日＝1958年5月14日

カリブ海北西部、ジャマイカの北西320kmに位置する英領の諸島。グランド・ケイマン島、リトル・ケイマン島、ケイマン・ブラク島から構成される。1670年英領となり、1962年まで英領ジャマイカの付属領で、ジャマイカの独立に伴い別個の海外植民地となった。域旗はフライに主要3島を示す3個の五角星などから構成される域章（右記参照）を大きく描き、カントンに英国国旗を付けた英国青色船舶旗。

赤地に黄のイングランド・ライオン、海を表す白と青の波線、黄で縁取りされた3個の緑の五角星、盾の上にはジャマイカとの過去の関係を示すジャマイカ特産パイナップルと緑海亀が描かれている。盾の下には "He Hath Founded It Upon The Seas"「海で築く」と英語標語が記されている。

台湾（チャイニーズ・タイペイ）

Taiwan (Chinese Taipei)

面積＝3万6000㎢
人口＝2363万人
主都＝台北

域旗制定日＝1928年10月8日

比率＝2：3

チャイニーズ・タイペイ旗

域章制定日＝1895年3月16日

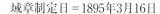

中国国民党は1895年に白い太陽を描いた青旗（青天白日旗）を党旗に採用した。この旗は孫文の同志であった陸皓東が日本の旭日旗から思いついて考案した。1928年にカントンにこの旗を入れた赤旗を中華民国国旗（青天白日満地紅旗）として採用した。赤、青、白は孫文が唱えた三民主義、つまり民族の独立、民権の伸長、民生の安定を表している。1949年中国共産党との闘いに国民党が敗れるまで中国の国旗であった。

青地に12本の光を持つ白い太陽をあしらった「青天白日」で、中国国民党の党章に由来する。12本の光は1年の12ヶ月と十二支、十二刻を意味し、終わりなき進歩を表している。オリンピックではチャイニーズ・タイペイとして参加し、1984年から固有の旗（上中央）を使用している。

バミューダ

Bermuda

面積＝54k㎡
人口＝7万人
主都＝ハミルトン

域旗制定日＝1910年10月4日

比率＝1：2

域章制定日＝1910年10月4日

バミューダ島は英国最古の植民地で、1609年バージニアに向かう途中で難破したジョージ・ソマーズ卿に率いられた英国人によって初めて植民された。域旗はフライに徽章を描いた英国赤色船舶旗。徽章には域章（右記参照）の盾型紋章が描かれている。紋章はジョージ・ソマーズ卿の帆船「シーベンチャー号」が難破している光景を描いた盾を赤いライオンが抱えている図柄である。

域旗のフライにある徽章にラテン語で"Quo Fata Ferunt"「我らが命運いかに」の標語リボンが付いたもの。

パレスチナ自治政府

Palestinian Authority

面積＝6020k㎡
人口＝492万人
主都＝ラマッラ

域旗制定年＝2006年

比率＝1：2

域章制定年＝1996年

1996年に、ヨルダン川西岸地区とガザ地区から構成され、外交と国防を除く立法権と行政権を持つ自治政府が発足した。1964年制定のパレスチナ解放機構旗を域旗として使用している。バグダッドのアッバース朝の黒、シリアのウマイヤ朝の白、北アフリカのファティマ朝の緑、ヨルダンのハシェミット朝の赤を組み合わせた汎アラブ旗。黒は暗い過去、白と緑はイスラム教の純粋さと伝統、赤はパレスチナ人の勇気を表している。

胸に域旗と同じデザインの汎アラブ色に染め分けられた盾を抱えたエルサレムを十字軍から奪還したイスラムの英雄サラディンの鷲で、下部にアラビア語で域名を記した白い銘板を摑んでいる。

プエルトリコ

Puerto Rico

面積＝8868㎢
人口＝366万人
主都＝サンファン

域旗制定日＝1952年7月24日

比率＝2：3

旗竿側に白い五角星を付けた青い三角形を持つ、赤、白の5条旗。スペインからの独立を目指し共に戦ってきたのでキューバ国旗に似ており、青と赤を入れ替えた配色。また、独立運動の援助を米国に求めたため、米国国旗と同じ3色が使われている。白い星はプエルトリコ、青い三角形は政府の立法部、司法部、行政部を表している。3本の赤縞はこれら3部局を活性化させる国民の血、2本の白い縞は人権と個人の自由を示している。

域章制定日＝1952年8月8日

中央に聖書に乗り赤十字の白旗を持ったサンフアン・バプティスト派を示す羊、周りをスペインを示す城とライオン、エルサレム十字で飾り、上部に王冠、底部に"Joannes Est Nomen Eius"「その名はフアン」というラテン語標語を配したもの。フアンはサンフアン・バプティストの始祖。

米領サモア

American Samoa

面積＝199㎢
人口＝6万人
主都＝ファガトゴ

域旗制定日＝1960年4月27日

比率＝10：19

1899年サモア諸島は米、英、独3国条約により、サモア諸島東部が米国領となる。域旗の青、白、赤は米国国旗の色で、フライに描かれたアメリカ白頭鷲は米国によるサモアの保護を示している。鷲は知恵のシンボルであるフエという儀式用杖とサモア首長の権力のシンボルであるウアトギという戦闘用ナイフを持っている。サモアの伝統的なシンボルを持っている鷲は、米国人とサモア人の友情を表している。

域章制定日＝1960年10月17日

印章型域章で、中にサモアの伝統的な模様、太鼓、域旗にも使われているサモア首長が使うウアトギとフエ、外側の輪の中に米領となった年月日である1900年4月17日と「米領サモア証印」が記されている。底部にある標語はサモア語で「サモアはすべてに神を優先させる」と書いてある。

米領バージン諸島

United States Virgin Islands

面積＝347㎢
人口＝11万人
主都＝シャーロットアマリエ

域旗制定日＝1921年5月17日

比率＝2：3

域章制定年＝1990年

カリブ海東部、小アンティル諸島北部に位置する米領諸島。西半分が米国領で、東半分は英国領土。17世紀にデンマーク領土となり、1917年米国がデンマークより割譲。域旗は中央に黄色の鷲と域名頭文字を描いた白旗。鷲の胸には赤、白13条の縞と上部に青の米国国章を単純化した盾が付いている。鷲は足に平和を表す緑色のオリーブの枝と、国土防衛を表す3本の青い矢を摑んでいる。白は純粋さを表している。

印章型域章で、青地にバージン諸島固有の鳥、花々、諸島全図の地図、米国国旗と旧宗主国デンマーク国旗、その下に英語で"United in pride and hope"「誇りと希望による結合」という標語リボン、周りに「米領バージン諸島政府」と記した黄色い輪を配したもの。

香港

Hong Kong

面積＝1100㎢
人口＝737万人

域旗使用開始日＝1997年7月1日

比率＝2：3

域章使用開始日＝1997年7月1日

長く英国の植民地であったが、1997年7月に中華人民共和国に返還され、外交と防衛を除く自治権を持つ特別行政区となった。中央に香港の代表的な花である白のバウヒニア（紫荊）の花弁に5個の五角星をあしらった赤旗。赤と5個の五角星は中華人民共和国国旗にも使われており、一体感を示している。1990年2月6日に域旗として採用され、初掲揚は返還日の1997年7月1日であった。

印章型域章で、中央に5個の五角星をあしらったバウヒニアの花弁と、周りに域名を中国語と英語で記したもの。

国際連合
United Nations

旗制定日＝1947年10月20日

比率＝2：3

1945年51ケ国で発足した国際連合は徐々に加盟国が増え、2008年3月現在で192ケ国を数える。国連旗は1947年10月20日の第二回国連総会で制定され、北極点から見た世界地図とそれを包み込むオリーブの枝を白く描いたライト・ブルーの旗で国連が目指す世界平和の推進を表している。国連旗はすべての国旗に対し常に上位に取り扱われる。

国際オリンピック委員会
International Olympic Committee

旗使用開始年＝1920年

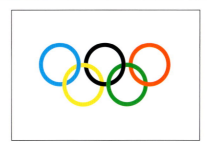

比率＝2：3

五輪旗は1913年に近代オリンピック大会の創始者であるピエール・クーベルタンにより考案され、1920年の第7回アントワープ大会で初掲揚された。中央に青、黄、黒、緑、赤の互いに結び合った五輪を描く白旗で白は平和、五輪は友情と世界の五大陸を表しているが、どの色の輪がどの大陸を指すか特定はされていない。略称はIOC。

国際赤十字
International Red Cross

旗制定年＝1864年

比率＝1：1

国際赤十字は1863年ジュネーブ条約によって誕生した組織で戦争・紛争犠牲者の救援、災害被災者の救援や医療活動などが行われている。赤十字の標章は創設者アンリ・デュナンの母国スイスに敬意を表し、スイス国旗の色を反転させたもの。イスラム諸国では、キリスト教を表す十字の代りに赤新月を描いた標章が使われている。

ヨーロッパ連合
European Union

旗制定年＝1986年

比率＝2：3

1967年6ケ国で発足した欧州共同体（EC）は1993年に政治的統合を強めたヨーロッパ連合（EU）へ発展した。EU旗の青は欧州の空、12個の五角星は加盟国の数に関係なく固定され、12という数字は「完璧さ」と「統一」を意味する。均等に配置された星が描く円は欧州市民の団結と調和を表している。

国名・地域名索引

国名	IOC	ページ
タンザニア連合共和国	TAN	70
チェコ共和国	CZE	42
チャド共和国	CHA	70
中央アフリカ共和国	CAF	71
中華人民共和国	CHN	21
チュニジア共和国	TUN	71
朝鮮民主主義人民共和国	PRK	22
チリ共和国	CHI	98
ツバル	TUV	105
デンマーク王国	DEN	43
ドイツ連邦共和国	GER	43
トーゴ共和国	TOG	72
ドミニカ共和国	DOM	89
ドミニカ国	DMA	90
トリニダード・トバゴ共和国	TTO	90
トルクメニスタン	TKM	22
トルコ共和国	TUR	23
トンガ王国	TGA	105

ナ

国名	IOC	ページ
ナイジェリア連邦共和国	NGR	72
ナウル共和国	NRU	106
ナミビア共和国	NAM	73
ニウエ	未加盟	106
ニカラグア共和国	NCA	91
ニジェール共和国	NIG	73
日本国	JPN	23
ニュージーランド	NZL	107
ネパール連邦民主共和国	NEP	24
ノルウェー王国	NOR	44

ハ

国名	IOC	ページ
ハイチ共和国	HAI	91
パキスタン・イスラム共和国	PAK	24
バチカン市国	未加盟	44
パナマ共和国	PAN	92
バヌアツ共和国	VAN	107
バハマ国	BAH	92
パプアニューギニア独立国	PNG	108
バミューダ	BER	114
パラオ共和国	PLW	108
パラグアイ共和国	PAR	99
バルバドス	BAR	93
パレスチナ自治政府	PLE	114
バーレーン王国	BRN	25
ハンガリー	HUN	45
バングラデシュ人民共和国	BAN	25
東ティモール民主共和国	TLS	26
フィジー共和国	FIJ	109
フィリピン共和国	PHI	26
フィンランド共和国	FIN	45
プエルトリコ	PUR	115
ブータン王国	BHU	27
ブラジル連邦共和国	BRA	99
フランス共和国	FRA	46
ブルガリア共和国	BUL	46
ブルキナファソ	BUR	74
ブルネイ・ダルサラーム国	BRU	27
ブルンジ共和国	BDI	74

国名	IOC	ページ
米領サモア	ASA	115
米領バージン諸島	ISV	116
ベトナム社会主義共和国	VIE	28
ベナン共和国	BEN	75
ベネズエラ・ボリバル共和国	VEN	100
ベラルーシ共和国	BLR	47
ベリーズ	BIZ	93
ペルー共和国	PER	100
ベルギー王国	BEL	47
ボスニア・ヘルツェゴビナ	BIH	48
ボツワナ共和国	BOT	75
ポーランド共和国	POL	48
ボリビア多民族国	BOL	101
ポルトガル共和国	POR	49
香港	HKG	116
ホンジュラス共和国	HON	94

マ

国名	IOC	ページ
マケドニア・旧ユーゴスラビア共和国	MKD	49
マーシャル諸島共和国	MHL	109
マダガスカル共和国	MAD	76
マラウイ共和国	MAW	76
マリ共和国	MLI	77
マルタ共和国	MLT	50
マレーシア	MAS	28
ミクロネシア連邦	FSM	110
南アフリカ共和国	RSA	77
南スーダン共和国	SSD	78
ミャンマー連邦共和国	MYA	29
メキシコ合衆国	MEX	94
モザンビーク共和国	MOZ	78
モナコ公国	MON	50
モーリシャス共和国	MRI	79
モーリタニア・イスラム共和国	MTN	79
モルディブ共和国	MDV	29
モルドバ共和国	MDA	51
モロッコ王国	MAR	80
モンゴル国	MGL	30
モンテネグロ	MNE	51
ヨルダン・ハシェミット王国	JOR	30

ラ

国名	IOC	ページ
ラオス人民民主共和国	LAO	31
ラトビア共和国	LAT	52
リトアニア共和国	LTU	52
リビア	LBA	80
リヒテンシュタイン公国	LIE	53
リベリア共和国	LBR	81
ルクセンブルク大公国	LUX	53
ルーマニア	ROU	54
ルワンダ共和国	RWA	81
レソト王国	LES	82
レバノン共和国	LIB	31
ロシア連邦	RUS	54

IOC：国際オリンピック委員会

苅安 望（かりやす のぞみ）

1949年千葉県生まれ。旗章学研究者。日本旗章学協会
会長、旗章学協会国際連盟フェロー、米国フラッグ・
リサーチセンターフェロー。早稲田大学政治経済学部
政治学科国際政治専攻。卒業後、三菱商事株式会社入
社。東京本社、ニューヨーク支社、メルボルン支社食
料部門勤務を経てヤマサ醬油株式会社取締役国際部
長・顧問を歴任し2015年退職。2000年に日本旗章学協
会発足と同時に会長に就任、2001年に旗章学協会国際
連盟加盟、2009年に横浜市でアジア初の国際旗章学会
議を開催。

著書に『こども世界国旗図鑑』（平凡社、2014）、『世界
の国旗・国章歴史大図鑑』（山川出版社、2017）、『PriPri
世界の国旗図鑑』（監修、世界文化社、2016）、『改訂版
世界の国旗図鑑』（偕成社、2016）、『日本「地方旗」図鑑』
（えにし書房、2016）、『決定版 国旗と国章図鑑』（世
界文化社、2016）、『世界「地方旗」図鑑』（えにし書房、
2015）など多数。

参考文献

須基 浩編『世界国旗大観』（1910）

帝国海軍省教育局『列国諸旗章集』（1928）

Whitney Smith. Flags Through the Ages
and Across the World（1975、米国）

久保照子『基準がわかる世界の国旗カード』（1991）

William Crampton. The World of Flags
（1992、イギリス）

SHOM. Pavillons Nationaux
et Marques Distinctives（2000、フランス）

**世界の国旗と国章
大図鑑**
五訂版

2003年11月25日　初版第1刷発行
2006年4月12日　二訂版第1刷発行
2008年5月21日　三訂版第1刷発行
2012年7月25日　四訂版第1刷発行
2018年4月27日　五訂版第1刷発行

編著　苅安 望
発行者　下中美都
発行所　株式会社平凡社
　　　　〒101-0051
　　　　東京都千代田区神田神保町3-29
　　　　振替 00180-0-29639
　　　　電話 03-3230-6581［編集］
　　　　　　　03-3230-6573［営業］

制作　株式会社平凡社地図出版
装幀　鷲巣デザイン事務所
デザイン　渡辺 宙（マン・レイ）
印刷・製版　株式会社東京印書館
製本　大口製本印刷株式会社

ISBN978-4-582-40745-7
NDC分類番号288.9
A4判（29.6cm）総ページ120
平凡社ホームページ
http://www.heibonsha.co.jp/